Landgang von der Fichte

„Über den Wind können wir nicht bestimmen,
aber wir können die Segel richten."

Weisheit der Wikinger

Bernd Storch

Landgang von der Fichte

Der Koch aus „Zur See" erzählt
aus seinem Schauspielerleben

Herausgegeben von Matthias Stark

Bibliografische Information der Deutschen Nationalbibliothek:
Die Deutsche Nationalbibliothek verzeichnet diese Publikation in der Deutschen Nationalbibliografie; detaillierte bibliografische Daten sind im Internet über http://dnb.dnb.de abrufbar.

© 2017 Bernd Storch (Autor); berndstorch-schauspieler.jimdo.com
© 2017 Matthias Stark (Herausgeber); www.stark-stolpen.de

Titelillustration:
Aquarell „Die ‚Fichte' vor dem Molenfeuer"
© 2017 Gudrun Stark (Kunstmalerin); www.stark-stolpen.de

Lektorat und Korrektorat: Christiane Steiner

Herstellung und Verlag: BoD – Books on Demand, Norderstedt

ISBN: 978-3-7431-1003-8

Inhalt

Vorwort 7

Von der Gnade der manchmal zu frühen Geburt 8

Wie mir der Zweite Weltkrieg
das Schwimmen lernen ersparte 12

Von Kirche, Kader und Konflikten 15

Hurra, ich werde erwachsen 24

Wie die Teppichweber von Kujan Bulak eine
Funktionärskarriere trocken legten 26

Tacitus gegen Egmont 30

Wie Prüfungen Ideen freisetzen 35

Wie man von einer Parteischule fliegen kann ohne
Mitglied zu sein 39

Wenn der Dank ausbleibt 46

Wie ich trotz Fahnenflucht
knapp der Todesstrafe entkam 51

Als die Achterbahn ins Trudeln kam 54

Wie Goethes Nachtlied wirken kann 58

Wie ich einen waschechten Intendantenstreit lostrat 61

Wie Kirgisien nach Johannisthal kam 64

Warum der Regisseur immer Recht hat 67

Warum der FDGB für den A... war 69

Ja, wir sind überall... 72

Hilfe Wasser ... Warum immer ich? 74

Besetzungsgespräch mit Mercedesstern 81

Ein Schiff wird kommen 87

Max und Moritz oder
Wie ein Grill ihr Schicksal wurde 107

Der Hühnerfänger von Babelsberg 123

Besuch am Bullauge 127

Wie ich doch noch bei Striese landete 129

Als das Vaterland mich rief 138

Der Herbst steht auf Sturm 145

An der Oder kräht ein neuer Hahn 147

Nachwort 154

Interview mit Bernd Storch 155

Über Autor und Herausgeber 166

Buchempfehlungen 167

Vorwort

Warum ein Buch schreiben?

Eine gute Frage. Eigentlich müsste sie ja lauten: warum noch ein Buch schreiben? Auf vielen Veranstaltungen und Autogrammstunden wurde ich immer wieder gefragt, warum ich die Erlebnisse und Begebenheiten während der Dreharbeiten zur Fernsehserie „Zur See" nicht einmal in einem Buch erzählen möchte. Ich stellte hin und wieder fest, dass das Interesse an diesem Film noch sehr groß war. Ich spürte aber ziemlich schnell, wenn ich ein solches Buch schreiben sollte, kann es sich nicht nur auf diese Fernsehserie beschränken.

So wurde daraus ein Suchen in eigenen Erinnerungen und Geschichten, die man schon längst verdrängt geglaubt hatte.

Ich hoffe, der Leser verzeiht mir meine nicht immer pflegeleichte Art, die Probleme meines Lebens bewältigt zu haben.

Von der Gnade der manchmal zu frühen Geburt

Der erste große Höhepunkt im Leben eines Ungeborenen ist zweifellos die Geburt. Neun Monate lang fiebert es im Mutterleib diesem Ereignis entgegen. Ständig in der völlig irrigen Annahme, etwas Besonderes zu erleben. So kommt es öfter vor, dass viele mit geradezu faustischer Gewalt an das berühmte Licht der Welt drängen. Frei nach Goethe: „Aus der Fruchtblase quetschender Enge endlich ans Licht gebracht. Hier bin ich Mensch, hier darf ich's sein."

Und da beginnt auch schon der erste große Irrtum. Für einen Menschen ist das Neugeborene noch viel zu mangelhaft ausgestattet. Nur eine Gemeinsamkeit teilt es bereits mit vielen seiner Mitmenschen: Es ist bereits Leistungsempfänger.

Man stellt sich oft die Frage, warum Säuglinge noch tagelang nach der Geburt die Augen geschlossen halten. Was geht hinter ihnen vor? Angst, die Wirklichkeit zu erblicken? Zweifel? War es richtig, sich vorzudrängeln? Warum entschließt es sich dann doch, sie zu öffnen? Neugier? Wenn ich schon da bin, kann ich ja mal gucken. Fragen über Fragen. Ich weiß nicht, ob mich an einem Sommertag im Juni des vorigen Jahrhunderts in der Braunkohle ähnliche Fragen quälten. Wie auch immer. Ich wurde jedenfalls geboren. Nun war das nach dem Krieg selbst in der Lausitz nichts Außergewöhnliches.

Die ersten Heimkehrer waren wieder zu Hause. So auch mein Vater. Er kam 1946 ziemlich früh aus russischer, ich acht Monate später, also auch ziemlich früh, aus mütterlicher Gefangenschaft. Mein Drang, das Licht der Welt so schnell wie möglich zu erblicken, war auch völlig verständlich. Jedenfalls aus meiner Sicht. Schon als Ungeborenes war ich extrem wasserscheu. Dessen ungeachtet hat man mich fast ein dreiviertel Jahr lang in einer mit Wasser gefüllten Fruchtblase durch die Gegend geschleppt.

Man muss sich das mal vorstellen. Ein Nichtschwimmer in einer Fruchtblase. Man glaubt gar nicht, wie das hin und her schwappt. So entschloss ich mich kurzerhand, diesem Martyrium ein Ende zu setzen. Und ich stellte fest, dass es völlig richtig war zu drängeln.

Als Baby an der frischen Luft lebte man viel komfortabler. Und man konnte endlich schreien, was das Zeug hält. Ein Schrei genügte, und schon kümmerte man sich um mich. Manche Zeitgenossen haben sich diese Methode bis ins hohe Alter bewahrt.

Schreien gehörte angeblich neben den üblichen Leidenschaften eines Säuglings, wie essen, trinken, schlafen und jede Menge Windeln voll machen, zu meiner Lieblingsbeschäftigung. Das muss zwar für mein gesamtes Umfeld geradezu nervtötend gewesen sein, zeigte aber damals schon eine meiner herausragenden Charaktereigenschaften. Ich mache, was ich will, aber mit Konsequenz.

Am liebsten soll ich übrigens geschrien haben, wenn niemand in der Nähe war. Wahrscheinlich um Aufmerksamkeit zu erregen. Heute kann ich schreiende Kinder nur beneiden. Schon beim ersten Ton kommt

Mama, das Handy am Ohr, aus dem Büro der Familienberaterin für Härtefälle, tätschelt den kleinen Brüller und beruhigt ihn mit den Worten: „Ja mein Engelchen! Mama kommt ja gleich. Die muss nur noch den Papa verklagen." Komisch. Wenn ich damals schrie, weil sich keiner um mich kümmerte, bekam ich immer nur zu hören: „Mensch hör auf zu brüllen, du kleiner Scheißer."

Nun hatte ich etwas, was sich jeder kleine Junge in dem Alter wünscht, einen großen Bruder. Ich konnte meinen nur bewundern. Er war größer als ich, konnte schwimmen, rauchte heimlich, und roch manchmal schon verdächtig nach Bergmannsschnaps. Aber was ich am tollsten fand, er durfte auf dem Fußballplatz immer schon alleine auf das Männerklo. Wenn ich mal musste, nahm er mich widerwillig an die Hand und ich stand dann ganz stolz neben ihm an der Teerpappenrinne. Eines Tages, mitten im Fußballspiel, musste ich wieder mal. Mein Bruder allerdings stand gerade im Tor. „Du musst ihn nicht extra vom Platz rufen", sagte ich zu meiner Mutter. „Ich kann das doch schon alleine", und zottelte stolz los.

Als ich die Bude betrat, bekam ich allerdings daran leichte Zweifel. Der Wirt hatte nämlich die Rinne gegen hohe Pinkelbecken austauschen lassen. Da stand ich nun und fragte mich, was tun? Hochstemmen kam leider nicht in Frage. Dazu bräuchte ich beide Hände. Als ich noch am Überlegen war, betrat ein Mann das Örtchen. Aber anstatt mich hochzuheben, grinste er mich an und sagte, indem er auf die Pinkelbecken deutete: „Ja mein Junge, auch hier zieht jetzt der Fortschritt ein. Und weißt du, wem wir das zu verdanken haben?" Ich schüttelte leicht gequält den Kopf. „Alles der Arbeiterklasse, mein Junge, alles der Arbeiterklasse."

Was ich allerdings nicht wusste, war, dass es nicht die Arbeiterklasse war, die den Fortschritt angebracht hatte, sondern Ewald Lewandowski. Er war der Chef einer großen Sanitärfirma, im Volk nur als „Gas-Wasser-Scheiße-Ewald" bekannt. Er bewohnte am Rand der Siedlung, sozusagen in der kohlenstaubfreien Zone, eine beträchtliche Villa, und hatte vor nicht allzu langer Zeit noch sehr viel Geld mit Wehrmachtslatrinen verdient.

Als der Mann fertig war, gab er mir einen Klaps auf den Kopf, grinste mich mit den Worten an: „Na, du schaffst das schon mein Junge, mach's gut", und verschwand. Da mir im Moment allerdings keine griffige Lösung für mein Problem einfiel, überließ ich den Fortschritt der Arbeiterklasse und suchte mir schnell ein Gebüsch.

Wie mir der Zweite Weltkrieg das Schwimmen lernen ersparte

Gleich hinter dem Fußballplatz befand sich eine Anlage, die mich schon immer in Angst und Schrecken versetzte. Die örtliche Badeanstalt. Wie ich bereits andeutete, habe ich eine ganz besondere Beziehung zu Wasser, nämlich keine. Trotzdem musste ich im Sommer mit Eltern und Bruder in diese Horroreinrichtung.

Ich saß dann mit meiner Mutter im Schatten am Rand des Beckens auf einer bunten Zellwolldecke, und schon das bloße Bespritzen vorbeikommender Kinder löste in mir Schreikrämpfe und leichte Tobsuchtsanfälle aus. Ich verstand nie, wie sich Menschen von irgendwelchen Brettern ins Wasser stürzten, um dann völlig unterkühlt und mit blau gefrorenen Lippen zitternd in der Sonne zu liegen.

Eines schönen Tages war in der Familie wieder mal Badengehen angesagt. Ich ahnte nichts Gutes, als mein Vater neben den üblichen Sachen, die man für solch einen Horrortrip immer brauchte, auch einen über und über mit Gummiflicken beklebten Fahrradschlauch einpackte. Blitzartig wurde es mir klar. Der Tag war da, um schwimmen zu lernen. Es halfen keine Schrei- oder sonstigen Krämpfe, ich musste mit.

Schon von weitem hörte ich aus der Badeanstalt das widerliche Planschen und Kreischen. In mir machte sich ein ungutes Gefühl breit. Nachdem wir uns an unserem üblichen Platz im Schatten eingerichtet hatten, nahm mein Vater den Fahrradschlauch. Mit den Worten „Heute wird es ernst mein Junge" blies er ihn mit einer gewissen Vorfreude auf. Kurz kam in mir das Gefühl hoch, ich muss schon etwas ganz Besonderes sein, wenn er dieses kostbare Stück solch einem Risiko aussetzt.

Nach einigen Leibesübungen, bei denen ich, auf dem Boden liegend, ständig Arme und Beine von mir strecken musste, folgte ein kurzer theoretischer Vortrag über die Schönheit des Schwimmens im Allgemeinen, und die Wichtigkeit der Körperertüchtigung für den Aufbau und die Verteidigung unser noch jungen sozialistischen Heimat im Besonderen.

Ich sah meine Mutter ängstlich lächeln, als es um die praktische Umsetzung des Lehrgangs ging. Sie wickelten mir den Schlauch um Arme, Hals und Brust, was schon die ersten panischen Brüller in mir auslöste. Obwohl ich durch den Schlauch nahezu bewegungslos war, musste ich, auf dem Boden liegend, zunächst Trockenübungen vollführen. Dazu sollte ich auf Kommando ständig Arme und Beine mit völlig sinnlosen Bewegungen auf- und niederstrecken. Allein diese Strampelei brachte mich fast an den Rand des Wahnsinns. Was sollte das erst im Wasser werden.

Kaum hatte ich den Gedanken zu Ende gedacht, ging es auch schon los. Um jede Flucht auszuschließen, ergriff mein Vater meinen rechten Arm, und mein Bruder, der wieder mal verdächtig nach Bergmannsschnaps roch, grinsend meinen linken. Mit den Worten „Na, dann wollen wir mal" ging es in Richtung Schwimmbecken. Meine Mutter winkte mir angsterfüllt nach: „Du schaffst das schon!"

Sie ahnte ja nicht, was in mir vorging. Ein letzter Gruß zurück, und eh ich mich versah, fand ich mich auch schon im Wasser wieder. Mir schossen zwei Gedanken durch den Kopf. Sollte ich mich auf unsere junge volkseigene Gummiindustrie verlassen? Drauf hoffend, dass mich der Schlauch sicher an den Beckenrand treibt? Oder sollte ich doch besser um mein Leben strampeln?

Ich entschied mich für das Letztere und ruderte, was das Zeug hielt. Kurz vor dem Beckenrand bestätigte sich die Richtigkeit meiner Entscheidung. Die Nachkriegsqualität unser Fahrradschläuche war solchen Belastungen nicht gewachsen. Das galt auch für die gesamte Fahrradventilindustrie. So versagte meine Schwimmhilfe auf der ganzen Linie.

Zitternd vor Angst und Kälte und völlig erschöpft wankte ich zu meiner Mutter. Auf Ihre Frage „Na, Junge, hat's Spaß gemacht?" gab ich Ihr keine Antwort. Mein Vater brach den gesamten Schwimmunterricht wegen objektiver Materialmängel sofort ab.

Aber gesellschaftspolitisch hatte er schon einen Schuldigen dafür, dass ich die Schönheiten des Schwimmens nie erleben darf. Es war der Kapitalismus. Hätte der nicht den Zweiten Weltkrieg vom Zaun gebrochen, läge unsere junge Gummiindustrie jetzt nicht in den Anfängen ihrer Entwicklung. Man kann sich gar nicht vorstellen, wie glücklich ich war, dass wir den Zweiten Weltkrieg verloren hatten. Ein weiterer Lehrgang fand übrigens nie wieder statt. Schläuche und Ventile waren eben damals doch noch zu wertvoll.

Von Kirche, Kader und Konflikten

Eines Tages, genauer gesagt im Sommer 1956, verlangte eine Einrichtung meine ganze Aufmerksamkeit: die Schule.

Sie stand idyllisch am Marktplatz mit einer großen Terrasse davor und von alten Buchen umsäumt. Vorn gab es eine breite Freitreppe mit Eingang für das Lehrpersonal und um die Ecke auf einem staubigen Schulhof neben dem Schulklo den Eingang für die Schüler.

Es war mir übrigens nur zweimal in meinem Leben vergönnt über die große Freitreppe zu gehen. Mit sieben Jahren und prall gefüllter Zuckertüte, und in den neunziger Jahren, als man aus unserer schönen Schule ein Museum machte. Aber zurück zu mir als Schüler.

Mein Vater beschäftigte sich auf Grund seiner beruflich politischen Weiterbildung sehr intensiv mit den Werken von Marx, Engels, Lenin und Stalin. Das Ergebnis waren seitenlange Lektionen, die er der mehr oder weniger interessierten Familie vortrug. Ich folgte diesen Vorträgen immer sehr aufmerksam.

Was ich am meisten bewunderte, waren weniger die Theorien von Marx und Lenin, sondern wie ein Mensch aus einem mir völlig unverständlichem Gewirr von Zeichen und Punkten und Strichen ganze Sätze formulieren konnte. Mein Interesse am Lesen war geboren. Nach und nach erschlossen sich mir die geheimnisvollen Schriftzeichen, und kurz vor meinem

Schuleintritt las ich schon hintereinander kleinere Kapitel von Marx und Lenin.

So vorbereitet ging ich in die erste Klasse. Ich hatte nur ein mitleidsvolles Lächeln für meine Schulkameraden übrig, die sich in der Lesefibel mit „Lilo hat ein lila Lampion" abmühten. Hatte ich doch schon ganz andere Werke gelesen. Das nächste große Ereignis war mein Eintritt in die Pionierorganisation. Nachdem wir stolze Mitglieder waren, stand die Wahl zum Gruppenratsvorsitzenden an.

Für mich gab es nur einen Kandidaten und ich schlug mich selbstredend vor. Dabei muss ich schon damals politisch sehr überzeugend gewirkt haben, denn ich hatte keinen Gegenkandidaten und errang einstimmig die erste große Funktion in meinem Leben. Doch in meinem Drang zu immer Höherem strebte ich schon das nächste Ziel an. Das Amt des Freundschaftsratsvorsitzenden. Sozusagen ein Generalsekretär auf unterster Ebene.

Mit bewährter Methode, klassenbewussten Reden aus geliehenen Lektionen meines Vaters und Zeitungsparolen nahm ich auch diese Hürde. Und als ich das erste Mal morgens auf dem Schulhof die Meldungen meiner mir politisch anvertrauten Schäfchen entgegennahm, wähnte ich mich am Ziel meiner Wünsche. Alles ging für mich seinen sozialistischen Gang.

Hätte da nicht ein Gebäude immer mehr meine Aufmerksamkeit erregt, in dem ein so ganz anderes Weltbild vermittelt wurde, als ich es aus meinen Lektionen kannte: die Kirche.

Ein eher schlichter, aber der höchste Bau in unserem kleinen Ort. Ich weiß nicht mehr, wie und wann es geschah. Eines Tages traf ich den Pfarrer und er lud mich zu einem Gottesdienst ein. Und ich sagte zu. Politisch zuverlässig und klassenbewusst wie ich war, sah ich keine Probleme.

Und als an einem Sonntag die Glocken läuteten, machte ich mich auf den Weg. Als ich das erste Mal die Kirche betrat, ich kannte sie bis dahin nur von außen, war ich von der Größe und der Stille beeindruckt. Zwei alte Damen nahmen mich in ihre Mitte und gaben mir ein Gesangbuch. Sie falteten die Hände und dachten ständig über irgendetwas nach. Auf einer Empore erkannte ich den Pfarrer wieder. Er stand in einem schwarzen Talar an einem Rednerpult und wetterte, was das Zeug hielt. Wir wären alle Sünder und wenn wir uns nicht änderten, würden wir alle in der Hölle schmoren. Ich konnte mir beim besten Willen nicht vorstellen, wie sich die beiden alten Damen versündigt haben sollten, und warum sie sich in ihrem Alter noch ändern müssten. Aber irgendwas musste da vorgefallen sein. Denn sie nickten ständig mit dem Kopf und flüsterten immer wieder Amen.

Nach einer Stunde wurde noch ein Abschiedslied gesungen und alles stand auf und ging. Als ich zur Tür kam, fiel mir allerdings etwas Sonderbares auf. Alle Besucher, auch meine zwei alten Damen steckten Geldmünzen in eine Spendenbüchse. Jetzt verstand ich auch, warum meine Mutter mir fünfzig Pfennig mit gegeben hatte. Ich sah die Büchse, fühlte die Münzen in meiner Tasche und dachte nicht daran, mein Vermögen der Kirche in den Rachen zu werfen. Mit reinem Herzen und fünfzig Pfennig in der Tasche verließ ich das Gotteshaus.

Ich konnte ja damals noch nicht ahnen, dass ich gerade Martin Luthers Reformationsgedanken ein kleines Stück weiter zum Durchbruch verholfen hatte. „Gewiss, sobald das Geld im Kasten klingt, können Gewinn und Habgier wachsen", schrieb er in seinen Thesen. So hatte ich ohne es zu wissen, der Kirche ein Schnippchen geschlagen.

Mit gestärktem Selbstbewusstsein ging ich über den Marktplatz direkt ins Kulturhaus in die Kneipe. Eine rote Brause und ein Spritzkuchen kosteten genau fünfzig Pfennig. Übrigens, der Kirchgang wurde bald zu einer schönen Regelmäßigkeit. Und auch in der Kneipe wurde ich bald als Stammgast begrüßt.

Ob es nun an meiner Mitwirkung sonntags im Kirchenchor lag oder an meinem Drang, mich in der Öffentlichkeit immer neu zu profilieren, weiß ich nicht mehr genau. Jedenfalls entdeckte ich in dieser Zeit meine künstlerische Ader. Genauer gesagt, meinen Hang zur Vortragskunst. Es dauerte auch gar nicht lange und es gab kaum noch eine Veranstaltung von Gemeinde, Partei oder Gewerkschaft, auf der ich nicht klassenbewusste Gedichte vortrug. So wurde ich bald ein gefragter Rezitator.

Eines Tages erfuhr ich von meinem Klassenlehrer, dass ein Rezitatorenwettbewerb ins Leben gerufen wurde. Er sollte sich bis zur Republikmeisterschaft erstrecken. Selbstredend meldete ich mich sofort an und konnte es kaum erwarten, mich der Konkurrenz des Landes zu stellen. Ich entschied mich als Wettbewerbsbeitrag für eine ausgedehnte Ballade aus dem Schulleben. Was die Länge des Werkes betraf, hatte ich keine Bedenken. Ich dachte mir, je länger ich auf der Bühne stehe, umso mehr Zeit hat die Kommission mein Talent in vollem Umfang zu erkennen.

Der Tag der Kreismeisterschaften kam und ich war wild entschlossen die gesamte Konkurrenz mit meiner Ballade von der Bühne zu fegen. Ob es an der Art meiner Interpretation oder an der Länge meines Vortrags lag, kann ich nicht mehr sagen. Jedenfalls sprach mir die völlig erschöpfte Jury nach kurzer, aber intensiver Beratung den ersten Preis zu. Und das natürlich völlig zu Recht, wie ich damals meinte.

So gestärkt in meinem Selbstbewusstsein kehrte ich in meine Schule zurück, nahm die Glückwünsche entgegen und bereitete mich intensiv auf die nächste Herausforderung vor. Keine Frage, dass ich mit meiner Ballade die gesamte Konkurrenz um Längen schlug und auch den Bezirkstitel errang.

Jetzt hieß das Ziel Republikmeisterschaft. Für diese Herausforderung hatte ich mir eine besondere Strategie ausgedacht. Von den beiden vorausgegangenen Auseinandersetzungen wusste ich, dass meine schärfste Widersacherin eine klassische Ballade ins Rennen schicken wollte. Den „Zauberlehrling" von Goethe. Also setzte ich voll auf die klassenbewusste, gesellschaftspolitische Schiene, um damit meiner Konkurrentin kurzerhand das Wasser abzugraben. Aus meinem reichhaltigen Repertoire wählte ich zwei Werke der bewährten Dichter Zimmering und Preissler aus. Ihr dichterisches Anliegen hieß ja „Keine Kunst ohne Kampf".

So vorbereitet fuhr ich nach Berlin, um die Krone der Rezitationskunst zu erkämpfen. Wie ich vor Ort feststellte, saßen unter den Kampfrichtern so bewährte Arbeiterdichter wie KUBA (Kurt Barthel) und Willi Bredel. Das ließ mich für meine Strategie hoffen. Während meine Konkurrentin klassische Verse aus alten Zeiten vortrug, setzte ich auf die Gegenwart. Machtvolle Worte wie „Ein Staat, geboren aus des Volkes Müh. Der Frieden will. Und Frieden kann erzwingen." Gegen diese zukunftsweisenden Verse war kein klassisches Kraut gewachsen. Ich punktete bei der Jury gnadenlos. Meine Strategie war in vollem Umfang aufgegangen. Es bedarf kaum noch einer Erwähnung, mit welchem Triumph und welcher Begeisterung ich zu Hause und in meiner Schule empfangen wurde. War ich doch der erste DDR-Meister, den unser kleiner Ort je hervor gebracht hatte. Nicht mal den Fußballspielern von Aktivist-Brieske-Senftenberg war während ihres kurzen Aufenthaltes in der DDR-Oberliga dieser Triumph vergönnt gewesen.

Sofort gründete ich nach meinem Sieg an unserer Schule den Zirkel Junger Rezitatoren, dessen Leitung ich selbstverständlich persönlich übernahm. Zwar hielt sich die Zahl der Teilnehmer, freundlich gesagt, stark in Grenzen. Aber ich und die beiden anderen Mitglieder machten dieses Manko mit Begeisterung und Enthusiasmus wieder wett. Leider musste der Zirkel nach einer gewissen Zeit wegen schwindender Mitgliederzahlen seine künstlerisch und politisch so wertvolle Arbeit einstellen. Mit Enttäuschung und Bedauern musste ich einsehen, dass in der Lausitzer Braunkohle die Zeit für anspruchsvolle Kunst noch nicht gekommen war.

So wand ich mich wieder meinen gesellschaftlichen und vor allem schulischen Aufgaben zu. Denn die Jahre vergingen und es standen auch bald Jugendweihe und der Wechsel zur Erweiterten Oberschule an. Im letzten Schulhalbjahr waren die Jugendweihevorbereitungen in vollem Gange.

Wir hatten Vorträge zu hören, fuhren nach Buchenwald, lernten richtig mit Messer und Gabel essen und übten immer wieder Einmarsch und Aufstellung auf der Bühne. Als ich erfuhr, dass auch ein kleines Kulturprogramm zur Aufführung kommen sollte, vermied ich es tunlichst, mich als Rezitator zur Verfügung zu stellen. Zu tief saß noch die Enttäuschung über den Untergang meines Rezitatorenzirkels in mir.

Da ich aus einer Familie stamme, die allem Neuen sehr aufgeschlossen zugewandt war, erregte jedes Paket, welches aus dem Westen kam, unsere volle Aufmerksamkeit. So geschehen auch vor meiner Jugendweihe. In diesem Päckchen befand sich neben den üblichen Sachen ein Nylonhemd. Für eine Jugendweihe wie geschaffen. Strahlend weiß, meine Größe und absolut bügelfrei. Darüber hinaus kam dieses Geschenk gerade recht. Denn Hemden waren damals knapp und teuer. Es war ja noch die schlechte Zeit. Nun wurde einige Tage vor dem großen Jugendweihezeremoniell gewissermaßen eine Generalprobe veranstaltet. Man wollte nichts dem Zufall überlassen. Besonders was die Kleiderordnung betraf.

An einem Nachmittag standen wir alle in voller Festbekleidung auf der Bühne des Kulturhauses. Plötzlich stürzte der Jugendweihebeauftragte mit weit aufgerissenen Augen auf mich zu und sah mich entsetzt an. Er hatte mein Westhemd entdeckt.

Mit leicht erhobener Stimme versuchte er mir klar zu machen, dass dieser Festtag weihevoll und im sozialistischen Sinne begangen wird und ob ich nach dem Gelöbnis die Schwelle hinüber zu den Erwachsenen in einem Westhemd übertreten wolle. Ich erwiderte, dass ich erstens darin kein Problem sähe und zweitens sowieso nur dieses eine weiße Hemd besäße. Und außerdem wäre das ein Geschenk von meiner Tante Gerda und meinem Onkel Alfred. Die haben nämlich im Zweiten Weltkrieg in Jugoslawien unter General Tito als Partisanen gegen die Faschisten gekämpft. Und deshalb wäre es für mich eine Ehre gerade zur Jugendweihe von zwei Widerstandskämpfern ein weißes Nylonhemd zu tragen.

Der Jugendweihebeauftragte lächelte nur etwas ungläubig und verkniffen. Übrigens wurde die ganze jugoslawische Räuberpistole immer zu vorgerückter Stunde bei feucht-fröhlichen Familienfeiern zum Besten gegeben. Eigentlich ist mein Onkel nach dem Krieg in die Fremdenlegion verschwunden. Wie auch immer. Ich habe zum ersten Mal festgestellt, dass Opposition richtig Spaß machen kann. Man muss sich nur die richtigen Argumente ausdenken.

Und dieses Denken hat sich in der Politik bis zum heutigen Tag bestens bewährt. Tante Gerdas Nylonhemd habe ich natürlich getragen. Schon aus Prinzip. Obwohl ich mir während der Veranstaltung lieber ein

Baumwollhemd aus dem Osten gewünscht hätte. Denn wer schon einmal stundenlang in Nylonhemd und schwarzem Anzug bei Scheinwerferlicht auf einer Bühne stand, weiß wovon ich spreche.

Hurra, ich werde erwachsen

Die Jahre an meiner idyllischen Grundschule gingen zu Ende. Meine nächste Herausforderung war die Erweiterte Oberschule. Ich hatte mich für den A-Zweig entschieden.

Das bedeutete drei Sprachen und wenig Naturwissenschaft. Gleich am ersten Tag merkte ich, dass ich die Schwelle zum Erwachsenwerden überschritten hatte. Die Schule war größer und moderner, die Lehrer unpersönlicher und man sprach uns mit „Sie" an. Nun waren die beiden Klassenzweige sehr geschlechterorientiert.

Während in der naturwissenschaftlichen Abteilung auf fünf Mädchen zwanzig Jungen kamen, war es bei uns genau umgekehrt. Schon bald entschloss ich mich auch an dieser Schule eine bestimmende Führungspersönlichkeit zu werden. Allerdings erwies sich dieses Vorhaben bei einem Geschlechterverhältnis von eins zu vier für das Weibliche als äußerst schwierig. Ich hatte nämlich einen Faktor in meiner Rechnung nicht bedacht: die Pubertät.

Bei der Wahl zum FDJ-Sekretär der Klasse musste ich diese Erfahrung das erste Mal machen. Schon im ersten Wahlgang fehlte mir für meinen Sieg eine Stimme. Doch bald wurde mir klar, wer der Grund für meine Wahlniederlage war. Zwei Bänke vor mir saß Heidrun. Eine eher unscheinbare und in sich gekehrte Person. Dafür fleißig und gewissenhaft. Eine Erscheinung, wie man sie auf allen Schulen in großer Zahl fand, damals jedenfalls. Natürlich fiel mir schon längere Zeit auf, dass sie mich jedes Mal, wenn ich sie traf, ganz verklärt ansah.

Eines Tages kurz vor meiner Wahl zum FDJ-Sekretär hatte sie wohl ihren ganzen Mut zusammengenommen. Sie stellte mir die alles entscheidende Frage: „Willst du mit mir gehen?" Ich erklärte ihr, dass mich ihr Antrag ehrt, aber ich mich leider jetzt nicht fest binden wolle. Die Wahl stehe vor der Tür und ich könne mich im Moment durch nichts ablenken lassen.

Mit einem mir böse ins Gesicht geschleuderten „Phhh" drehte sie sich um und ging. Und dieser gleiche triumphierende Blick traf mich wieder, als meine Wahlniederlage feststand. Sie hatte mir aus gekränkter Eitelkeit ihre alles entscheidende Stimme versagt. Aber noch war nichts verloren. Da die Wahl unentschieden ausging, gab es ja noch eine zweite. Ich entschloss mich, diese Chance zu nutzen. In einem klärenden Gespräch mit ihr schüttete ich mein Herz aus und offenbarte ihr äußerst glaubwürdig meine geheimsten Gefühle für sie.

Dabei war ich mir keiner Schuld bewusst. War es doch für eine gute Sache. Natürlich kam es auch so, wie ich es erhofft hatte. Ich bekam ihre Stimme und gewann die Wahl mit einem Punkt Vorsprung. Ich hatte mein Ziel erreicht. Leider kühlten meine Gefühle zu Heidrun nach der Wahl schlagartig wieder ab.

Später im Geschichtsunterricht lernte ich, dass ich mich in meinem Wahlkampf eines völlig legitimen Mittels bedient hatte. Es erfreut sich seit zweihundert Jahren schon in der Politik größter Beliebtheit. Man nennt es ganz einfach Opportunismus.

Wie die Teppichweber von Kujan Bulak eine Funktionärskarriere trocken legten

Die Zeit an der Oberschule war für mich auch eine Zeit politischer und privater Veränderungen. In kürzester Zeit gelang es mir die gesamte FDJ-Arbeit unter meine Kontrolle zu bringen. Folgerichtig war die Wahl zum FDJ-Sekretär der Schule eine logische Konsequenz. Dazu gab es noch ein neues Fach an der Schule: Staatsbürgerkunde. Für mich kein Problem.

Wenn da nicht der dafür zuständige Lehrer gewesen wäre. Er war von der Art, wie man es von Lehrern oft kennt, sich aber nicht wünscht, intolerant und dogmatisch. Aber genau diese Eigenschaften reizten mich zu Widerspruch und Auseinandersetzungen. So war es also völlig normal, dass wir über kurz oder lang immer mal wieder aneinander gerieten. Außerdem tat ich etwas, dass für ihn völlig neu und ungewohnt war.

Ich hinterfragte alle seine Thesen und Argumente. Etwas, was ein Lehrer auf den Tod nicht ausstehen kann. Sind sie doch der Meinung immer Recht zu haben. In einer Unterrichtsstunde behandelten wir das Thema: „Wie man in der Sowjetunion Lenin ehrt". Er erläuterte uns das anhand der Brechtballade „Die Teppichweber von Kujan Bulak ehren Lenin".

In diesem Gedicht kippen Bauern in Turkestan Petroleum in einen Sumpf und zünden das Ganze an. So wollen sie einer Stechmückenplage Herr werden. Das philosophische Fazit dieser Geschichte: Sie ehrten ihn, indem sie sich nützten.

Ich erwiderte daraufhin, dass es so etwas schon immer gab. Seit Menschen über Menschen herrschten. Aber die ehrten sich immer nur selber und nützen sich so auf ihre Weise. Und außerdem, fügte ich noch hinzu, würden wir ja die halbe Umwelt zerstören, wenn dieses Beispiel Schule mache.

Der Staatsbürgerkundelehrer war aufgrund dieser Argumente leicht verwirrt. Aber er fing sich wieder, schnappte kurz nach Luft und erklärte mir, dass die sowjetischen Teppichweber schon genau wüssten, was sie zu tun hätten. Und außerdem haben sie sich genützt und Lenin verstanden. Ich bemerkte daraufhin, ein Glück, dass Öl bei uns so knapp ist und zum Anzünden zu schade. So könnten wir uns noch lange an vielen Leninbüsten erfreuen. Aber vielleicht sollten uns die Russen statt Lenin mehr Öl schicken. Das würde uns nützen und wir hätten ihn sofort verstanden.

„Das sind keine Russen, sondern Sowjetmenschen", argumentierte der Lehrer sichtlich erschöpft. Die Bemerkung von einer der hinteren Bänke „Genau, die haben uns die Dresdner Gemäldegalerie zurückgebracht, die uns die Russen geklaut haben", brachte das Fass zum Überlaufen. Und mir einen Vorstellungstermin beim Schuldirektor und Klassenlehrer ein.

In einem Schnellverfahren wurde ich auf Grund politischer Unzuverlässigkeit und mangelndem Respekt vor Lehrern mit sofortiger Wirkung all meiner Ämter enthoben. So haben es die Teppichweber aus dem fernen Turkestan geschafft, ein junges und begabtes Funktionärstalent ein für alle Mal trocken zu legen. Im Nachhinein muss ich sagen, dass mir die Teppichweber gar nicht so ungelegen kamen. Hatte ich doch schon längere Zeit vor, mich den schöneren Seiten des Schülerlebens zuzuwenden.

Ich beschloss das zu tun, was meine Klassenkameraden schon die ganze Zeit taten. Ein unbeschwertes Schülerleben zu führen. Und so genoss ich das Dasein alsbald in vollen Zügen und Kneipen. Frei von irgendwelchen Zwängen und gesellschaftlichen Anforderungen. Aufgrund der vielen neuen Eindrücke und Erfahrungen, die auf mich einstürmten, bemerkte ich nicht, wie ich mich in meiner eigenen Persönlichkeit immer mehr veränderte.

Aus dem klassenbewussten FDJ-Sekretär von einst wurde nach und nach ein modebewusster, arroganter Oberschüler. Der morgens in schicken Anzügen und teuren Schuhen zum Unterricht kam und nur eins im Sinn hatte: zu beeindrucken. Und was aus heutiger Sicht für mich am verblüffendsten war, ich fühlte mich sogar wohl in meiner neuen Rolle.

Wahrscheinlich schlummerte schon damals der uralte Instinkt eines jeden Schauspielers in mir, Aufmerksamkeit und Bewunderung zu erregen. Um welchen Preis auch immer. Zu meiner Ehre muss ich aber hinzufügen, dass ich meinen für einen Oberschüler doch recht aufwendigen Lebensstil zum größten Teil selbst finanzierte.

Ich schuftete in den Sommerferien in Gleisbaukolonnen der Reichsbahn oder schleppte unzählige Milchkannen als Molkereihilfsarbeiter. Eines begriff ich in dieser Zeit sehr schnell. Die Leute sehen immer nur die schöne Fassade.

Welcher Schweiß dahinter steckt, bleibt ihnen dabei verborgen.

Natürlich hatte auch ich diese Knochenarbeit satt und suchte etwas mir Angemesseneres. Und ich wurde fündig. Ich war nämlich durch Zufall auf etwas aufmerksam geworden, was ich bis dahin überhaupt nicht auf meiner Rechnung hatte: das Theater.

Tacitus gegen Egmont

Meine erste Begegnung mit dem Theater verlief eher unspektakulär. Ich gehöre nicht zu den Schauspielern, die schon von Kindesbeinen auf die Bühne drängten, wie man das heute in manchen Talkshows immer wieder hört. Unsere Schule grenzte unmittelbar an das damalige Theater der Bergarbeiter. Genauer gesagt, es war die ehemalige Turnhalle der Schule.

Von unserem Pausenhof konnte man eine Seite des Gebäudes überblicken. Fast jeden Morgen kurz vor zehn geschah für unsere Begriffe immer etwas Seltsames, ja geradezu Geheimnisvolles. Dann kamen nämlich Schauspieler mit Sonnenbrillen und dicken Rollenbüchern unterm Arm und verschwanden im sogenannten Bühneneingang. Zumindest was die Arbeitszeit betraf, erschien mir dieser Beruf schon damals recht verlockend.

Nun wollte es der Zufall, dass mich ein befreundeter Schüler fragte, ob ich Lust hätte, mir ein paar Mark zu verdienen. Ich stand dieser Frage sehr positiv gegenüber. Man war ja als Schüler fast immer pleite. Er verklickerte mir, dass gegenüber am Theater Leute gesucht wurden, sogenannte Statisten. Die würden den ganzen Abend nur auf der Bühne stehen und dafür noch Geld bekommen.

Diese Information war für mich sehr verlockend und weckte mein ganzes Interesse. Warum nicht zur Bühne gehen. Zumal ich die Schauspieler frühmorgens auf dem Schulhof schon immer beneidet hatte. Ich überlegte noch eine kurze Zeit und entschied mich, die Bretter, die die

Welt bedeuten, zu erobern. Einige Tage später stand ich auf dem Schulhof, holte dreimal tief Luft und sagte zu mir: „Jetzt oder nie".

Ich betrat den geheimnisvollen Bühneneingang und war enttäuscht. Denn dahinter verbarg sich eine nüchterne Pförtnerloge mit einem ältlichen Mann, der mich von oben bis unten musterte. Ich lächelte fast bühnenreif und sagte mit leicht verstellter Stimme, ich wolle gern zum Theater, um Statist zu werden. Ohne zu zögern gab er mir einen Zettel mit Termin und Uhrzeit. Ich bedankte mich höflich und wunderte mich nur, wie schnell man an einem Theater Statist werden kann. Zum vorgeschriebenen Zeitpunkt fand ich mich vor dem Bühneneingang ein. Dort warteten schon einige ältere Herren. Aus ihren Gesprächen entnahm ich, dass es sich um lang gediente und sehr erfahrene Statisten handeln musste.

Man bat uns hinein und wies uns zunächst auf die wichtige und verantwortungsvolle Aufgabe eines Statisten hin. Dann ging es endlich auf die Bühne. Ich war wieder enttäuscht. Ich hatte eine spektakuläre Bühnendekoration erwartet. Aber da standen stattdessen ein paar alte Stühle und eine wacklige Bretterbude. Kurze Zeit später betrat ein Herr mit Lederjacke und ebensolcher Mütze sowie einem dicken Buch unterm Arm die Bühne. Es war der Regisseur des Stücks.

Er musterte uns alle von oben bis unten. Hin und wieder flüsterte er etwas zu seinem Nebenmann. Es war ein schmales, nervöses Männchen. Er hatte ebenfalls ein dickes Rollenbuch, in welches er ständig irgendwelche Notizen kritzelte. Er klärte uns darüber auf, dass es sich bei dem Stück, in dem wir mitspielen sollten, um das Drama „Egmont" von Goethe handelt, und die Dekoration einen holländischen Marktplatz darstellt. Und genau auf diesem Platz wird eine Revolution gemacht.

Ich verstand zwar nicht, wie ein pubertierender Oberschüler und vier alte Männer inmitten von wackligen Stühlen und einer klapprigen Bretterbude eine Revolution spielen sollen, aber ich ließ mich überraschen. Eine ganze Weile standen wir auf dem holländischen Marktplatz verloren herum, während der Herr Regisseur im Dunkel des Zuschauerraumes verschwand. Von dort tönte es dann auch nach kurzer Zeit aus einem Lautsprecher über den Marktplatz „Kollegen, können wir nun endlich mal beginnen." Jetzt schlich im Halbdunkel ein Mann an die Bühnenseite zu einer Art Rednerpult und flüsterte ein paar Worte in ein Mikrofon. Im nächsten Augenblick hörte man hinter der Bühne Geflüster, Füßescharren und Husten. Die Schauspieler betraten die Bühne. Es waren dieselben, die ich vom Schulhof gegenüber immer sah. Aber jetzt sah ich sie ganz nah vor mir. Annekathrin Bürger, Dietmar Richter-Reinick, Rolf Römer, Otmar Richter. Ehrfurchtsvoll schaute ich sie an. Mit solchen Menschen sollte ich also in Holland eine Revolution gestalten.

Im nächsten Moment rief auch schon der Regisseur, dass die Probe jetzt beginnt. Zunächst verteilte er die Hauptdarsteller in die Mitte der Bühne. Die vier alten Statisten stellte er in die Nähe der Stühle und der Bretterbude, damit sie sich notfalls abstützen konnten. Ich musste in der Mitte der Bühne zwischen den Hauptdarstellern stehen und ständig die Arme hoch reißen. Dabei musste ich immer rufen: „Hoch lebe

Brabant." Obwohl mir leider nicht klar war, was mit Brabant eigentlich gemeint war.

Das Stück sollte ja, wie uns gesagt wurde, in Holland spielen, und ich kannte nur Trabant. Ich spielte das Ganze trotzdem mit solch einer Hingabe, dass mich der Regisseur nach mehreren Beschwerden der Schauspieler in die hintere Reihe zu den alten Holländern verbannte. Ich sagte mir, immer noch besser, als umbesetzt zu werden. Meine Leistung als holländischer Marktplatzrevolutionär blieb am Theater aber nicht ohne Wirkung. Nach meinem erfolgreichen Auftritt im Egmont folgten weitere. Das brachte mich manchmal in leichte Schwierigkeiten.

Denn auch die Schule forderte mir vieles ab. Ich war mittlerweile in der zehnten Klasse. Mitten in den Zwischenprüfungen. Das hieß auch Latein. Aber ich hatte zum Glück einen Vorteil. Mein Lateinlehrer, ein humorvoller Mensch, war nämlich nicht nur mein Lateinlehrer, sondern gleichzeitig auch der Mann unserer Maskenbildnerin. Er hatte also eine gewisse Beziehung zum Theater. Wenn auch nur angeheiratet.

Eines Tages bekam ich allerdings ein Problem. Ich war auf der einen Seite in den Lateinprüfungen, auf der anderen Seite in den Proben zu dem neuen Stück „Don Carlos". Und das war für meine Statistenkarriere enorm wichtig. Der erste Statist war nämlich wegen Krankheit ausgefallen und ich sollte ihn ersetzen. Nun war das normalerweise nichts Besonderes. Die Rolle hatte aber einen Namen: Dritter Kammerdiener. Und was die größte Herausforderung war, einen Satz: „Sire, ruhen Sie wohl." Natürlich wollte ich mir diese Chance nicht entgehen lassen. Wenn da nicht die Zwischenprüfungen gewesen wären.

Und wie das Leben so spielt, saß ich am Tag der Generalprobe in der Lateinprüfung. Auf dem Programm stand Übersetzung Latein-Deutsch, und zwar Tacitus Germania. Ich schrieb und übersetzte, was das Zeug hielt, immer mit einem Blick zur Uhr. Und was ich nicht übersetzen konnte, machte ich mit wilder Phantasie wett. Ich wusste, um vierzehn Uhr war Probe. Also war größte Eile geboten. Aber ich schaffte dank der kurzen Wege alles. War pünktlich in der Garderobe, lief als Kammerdiener über die Bühne und sprach meinen ersten Satz an einem Theater. Übrigens, einige Tage später gab es die Lateinarbeiten wieder zurück. Ich glaube, ich hatte eine Drei minus. Als ich meinen Lateinlehrer ganz erstaunt ansah, grinste er mich nur an. Dann sagte er mir, mit Tacitus habe das alles zwar kaum was zu tun. Aber so eine spannende Story habe er schon lange nicht mehr gelesen.

Und fügte grinsend hinzu: „Bernd, Sie sollten später mal Abenteuerschriftsteller werden."

Wie Prüfungen Ideen freisetzen

Die Abiturvorbereitungen waren mittlerweile in vollem Gange. Die schriftlichen Prüfungen hatte ich mehr schlecht als recht überstanden. Die Stunde der Wahrheit schlug für mich dann kurze Zeit später, die Verkündung der mündlichen Prüfungen.

Bei mir hatte sich die Kommission in einem Anflug von Wahnsinn für Russisch, Chemie und Mathematik entschieden. In der Russischprüfung wäre ich fast durchgeschrammt, weil mir im entscheidenden Moment die Vokabel für Fenster nicht einfiel. Als Entschuldigung führte ich an, dass ich dieses Wort schon in der fünften Klasse gelernt hätte. Wie solle ich das nach so langer Zeit noch wissen. Mit verhaltenem Lächeln akzeptierten die Mitglieder der Kommission dieses Argument.

Aus der Chemieprüfung ist mir nur noch im Gedächtnis, dass ich die Formel für Alkohol an die Tafel schreiben musste. Natürlich schüttelte ich die aus dem Handgelenk. Ob diese Frage nun reiner Zufall war, oder ob sich mein Hang zum geselligen Partyleben schon bis zur Prüfungskommission herumgesprochen hatte, vermag ich nicht mehr zu sagen.

Am meisten Kopfzerbrechen bereitete mir die Mathematikprüfung. Hier musste ich mich voll auf meine Lehrerin verlassen. Mein Vorteil war in diesem Fall, dass sie mich auf Grund meines lebensbejahenden und aufgeschlossenen Wesens sehr mochte. Besonders als sie erfuhr, dass ich am Theater war und Schauspieler werden wollte. Mein Vertrauen in sie sollte dann bei der Prüfung auch nicht enttäuscht werden.

Fräulein S., etwas zu groß geraten und schon damals ziemlich alt, war jene Art von Lehrerin, für die ihr Beruf und insbesondere die Mathematik ihr ganzes Leben bedeutete. Das war ganz sicher auch der Grund, warum sie immer Fräulein blieb und es nie bis zur Frau schaffte.

Am Tag der Prüfung saß ich solange in einem Vorraum, bis keiner meiner Schulkameraden mehr anwesend war. Da ging die Tür auf, und Fräulein S. erschien. Sie eröffnete mir, dass ich jetzt gleich zur Prüfung gerufen würde. Mein angstvoller Blick und meine bange Frage, womit ich denn geprüft werden würde, rührte sie sichtlich. Ich hatte eben damals schon Talent. Sie schlug eine Kreisgleichung vor. Eine Aufgabe, die meinem Wissensstand gerade noch entsprach. In groben Zügen erklärte sie mir das für mich schleierhafte Phänomen. So optimal vorbereitet sah ich meiner Prüfung gelassen entgegen.

Ich sollte mich in Fräulein S. nicht getäuscht haben. Denn als ich in der Prüfung abzurutschen drohte, sprang sie auf und erklärte, dass ich das alles könne. Und außerdem sei auch schon später Nachmittag. Die erschöpfte Kommission beendete die Prüfung und ich bestand. Später beim Abiball tanzte ich zu vorgerückter Stunde mit ihr. Auf meine Frage, warum das alles, zwinkerte sie mir hinterlistig zu. Sie wollte es noch erleben, dass ich wenigstens auf der Bühne besser sein würde als in der Mathematik. Sieh mal an, stellte ich fest. Auch sie hatte Talent.

Ich musste in dieser Zeit aber nicht nur die Hürde Abitur nehmen. Jeder von uns lernte daneben noch einen anständigen Beruf. Mich verschlug es naheliegenderweise als Kesselwärter in die Braunkohle. Maschinist für Dampf- und Energieerzeugungsanlagen, so die offizielle Berufsbezeichnung. Da der Beruf eines Kesselwärters sich im Wesentlichen darauf beschränkte, auf einer Bank zu sitzen, jede Stunde irgendwelche Instrumente abzulesen und im Übrigen darauf zu warten, bis der Kessel explodierte, verlief alles problemlos, ich saß, las ab und wartete.

Bei Fragen über Flammrohrkesselbeschickung und Kohlenstoff in der Lausitzer Braunkohle war ich in der Prüfung zwar etwas überfragt. Trotzdem bestand ich, zu meinem größten Erstaunen. Als frisch gebackener Kesselwärter stand ich in den Monaten bis zu meinem Studienbeginn fortan in einer der größten Dreckschleudern der Region. Meine Hauptbeschäftigungen waren Sitzen, Instrumente ablesen, Essen und Schlafen. Apropos schlafen.

Ich hatte täglich einen beträchtlichen Radweg von zu Hause bis zu meinem geliebten Kesselhaus zurückzulegen. Da ich nach wie vor immer noch ein sehr geselliges Leben führte, war ich morgens oftmals ziemlich müde. Mein Radweg führte mich auf einem schmalen, abschüssigen Weg durch Wiesen direkt vor das Werktor.

An einem warmen Sommermorgen überkam mich beim leichten Herunterrollen eine angenehme Müdigkeit. Folgerichtig fielen mir die Augen zu und ich wurde erst wieder wach, als die Werksirene morgens um neun Uhr zur Frühstückspause pfiff. Ich war tatsächlich vom

Fahrrad gefallen und hatte in einem Grashaufen drei Stunden den Schlaf der Gerechten geschlafen.

Ausgeschlafen und froher Dinge schaffte ich es pünktlich zur Frühstückspause. Als Entschuldigung entschloss ich mich ausnahmsweise mal die Wahrheit zu sagen. Verständlicherweise glaubte mir niemand die Geschichte. Doch damit nicht genug. Ich musste meine Liebe zur Wahrheit noch mit achtundzwanzig Mark Lohnabzug bezahlen. Und das alles nur, weil ich hundemüde auf dem Weg zur Arbeit auf dem Fahrrad eingeschlafen war.

Voller Bitterkeit musste ich feststellen, auch die Wahrheit ist nicht mehr das, was sie mal war. Ich entschloss mich aber sehr schnell dieser Enttäuschung keine größere Bedeutung beizumessen und genoss die nächsten Wochen in der mir eigenen Unbekümmertheit. Tagsüber vorm Kessel sitzen, der trotz monatelanger Wartezeit nicht explodierte, und den Rest des Tages frohes Jugendleben genießen. Die Tage vergingen im Fluge und schon bald stand ich vor der nächsten Herausforderung: meine Prüfungen für die Schauspielschule.

Ich hatte ein neues Ziel. Ich wollte Schauspieler werden. Der Wille dazu war vorhanden.

Wie man von einer Parteischule fliegen kann ohne Mitglied zu sein

Langsam, aber sicher, rückte der Ernst des Lebens immer näher, das Studium. Ich war mit den Prüfungsvorbereitungen voll ausgelastet. Als Rollen hatte ich mir Franz Moor aus den Räubern von Schiller sowie den Dichter Rattengift aus „Scherz, Satire, Ironie und tiefere Bedeutung" von Grabbe ausgesucht.

Der Monolog des Franz Moor gefiel mir, weil er erstens so schön böse, und zweitens so schön lang war. Durch meine Rezitationserfahrungen war ich immer noch der Annahme, die Länge eines Vortrags gleicht alle anderen Unzulänglichkeiten aus. Was die Schauspielschule betraf, kam für mich als Abiturient mit Hochschulreife nur eine in Frage, die Theaterhochschule in Leipzig. Obwohl ich lieber zur Schauspielschule nach Berlin gegangen wäre.

Schließlich kam der große Tag, und ich machte mich auf den Weg, die Bretter, die die Welt bedeuten, zu erobern. In Leipzig angekommen, stieg ich auf Grund meines knappen Budgets in einer kleinen Pension ab, die sich großspurig Hotel Fügner nannte. Ich erinnere mich noch wie heute, als ich in meinem besten Glencheck-Anzug und braunen Wildlederschuhen an der Rezeption stand und ein wenig von oben herab sagte, ich hätte hier ein Zimmer reserviert. Am Tresen stand eine schon etwas ältliche Dame. Sie sah aus wie Frau Fügner. Auf die Frage, was ich hier in Leipzig mache, antwortete ich gepflegt arrogant, dass ich hier Schauspieler werde. Ihre Bemerkung „Ach du lieber Gott, schon wieder einer" brachte mich überhaupt nicht aus der Fassung. Ich wusste ja, was ich wert war. Mit dem Hinweis, sie würde in Zukunft noch viel von mir hören, suchte ich mein Zimmer auf. Selbiges besaß die gleiche schlichte Eleganz wie das ganze Etablissement. Allein ein Aschenbecher mit einem Abziehbild des Hotels erregte meine Aufmerksamkeit. Ich beschloss ihn am nächsten Tag meiner Abreise zu klauen, um ihn später als Schauspieler der Dame an der Rezeption mit einem triumphierenden Lächeln zurückzugeben. Dazu kam es leider nie.

Meine Zeit in Leipzig währte nur kurz. Am nächsten Tag begannen die Eignungsprüfungen. Auf dem Flur war schon ziemlicher Betrieb. Jede Menge Leute murmelten vor sich hin, sprangen plötzlich auf, fuchtelten mit Händen und Füßen, drehten Tanzschritte und fielen wieder erschöpft auf ihre Stühle. Mich ließ das alles völlig kalt. Das einzige, was ich wollte, war endlich meine Eignungsprüfung. Und die bekam ich nach längerem Warten auch.

Ich wurde aufgerufen und betrat den Raum, in dem über mein künftiges Leben entschieden werden sollte. An einem langen Tisch saß die Prüfungskommission, der man im Gesicht deutlich ansah, dass sie an diesem Tag schon einiges durchgemacht hatte. Eine ältliche Dame mit rot gefärbten Haaren begrüßte mich eher missmutig, obwohl sie Fröhlich hieß. Ihr zur Seite ein älterer, leicht zur Korpulenz neigender Herr mit tiefer sonorer Stimme. Wie ich später erfuhr, handelte es sich um den in Leipzig sehr berühmten Heldenvater-Darsteller Erich G.. Auf der anderen Seite saß ein Herr, der eher Herr Fröhlich hätte heißen müssen, denn er grinste mich die ganze Zeit an.

Erst als ich ihm verkündete, dass ich ein Stück von Grabbe vortragen würde, verdüsterte sich sein Gesicht.

Ich konnte ja zu jener Zeit nicht wissen, dass dieser Dichter am Leipziger Theater sehr verpönt war. Ich entschloss mich, die Kurzfassung von Schiller, dafür aber aus Trotz Herrn Grabbe in voller Länge zu deklamieren. Mit finsteren Minen stimmte das Gremium zu. Allein der Heldenvater brummte ein „Na, wenn es denn sein muss."

Ich legte meine ganze Leidenschaft in meinen Vortrag. Aber angesichts der zerknirschten Gesichter, in die ich blicken musste, schlugen meine Emotionen in blanke Wut um. Ich glaubte sogar, eine leichte Angst in den Gesichtern der Jury gesehen zu haben. Sichtlich erleichtert und mit dem Gefühl, noch einmal davon gekommen zu sein, atmete die Kommission am Schluss meiner Darbietung erleichtert auf. Es herrschte Totenstille im Raum. Der Heldenvater schnaufte einmal tief durch und fragte mich, warum ich eigentlich hier stehe.

Auf diese Frage war ich nun gar nicht gefasst. Nun war alles in mir vorbei. Ich ließ meiner ganzen Wut über die Arroganz und Fehlbesetzung dieser Kommission freien Lauf. Und in bester lutherischer Tradition donnerte ich von der Bühne: „Und wenn die ganze Welt voll Teufel wär. Hier stehe ich. Ich kann nicht anders." Der alte Knattermime brabbelte etwas wie „Dann sollten Sie besser Prediger werden" und verschwand. Kurz darauf erfuhr ich von Herrn Schramm, der eigentlich Herr Fröhlich hätte heißen müssen, dass mein Talent den Ansprüchen einer Theaterhochschule wie in Leipzig nicht genüge. Dann gehe ich eben nach Berlin, rief ich der Jury zum Abschied zu. Denn wie heißt es so schön. Nur die Besten kommen nach Berlin. Damit nahm ich meine Unterlagen, ging ins Hotel, klaute den Aschenbecher und fuhr wieder nach Hause.

Man unterschied übrigens die drei Schauspielschulen damals folgendermaßen: Berlin war die Schauspielschule, Babelsberg die Sportschule und Leipzig die Parteischule. Das heißt mit anderen Worten, ich bin von einer Parteischule geflogen, ohne jemals dort studiert zu haben. Ich war eben schon immer etwas Besonderes. Natürlich freute ich mich auf Berlin. War doch die Schauspielschule in Schöneweide schon immer mein heimliches Ziel gewesen. Kurze Zeit später bewarb ich mich, bestand die beiden Prüfungen und war ab dem ersten September des gleichen Jahres stolzer Student. Und ich war wieder mal um eine Erkenntnis reicher. Es war in der DDR nicht unbedingt ein Nachteil, von einer Parteischule zu fliegen.

Ich jedenfalls war glücklich. Hatte ich doch vor, die Bretter der Bühnen im Allgemeinen und die in Berlin im Besonderen zu erobern. Dort angekommen, mietete ich mich zunächst in einem Zimmer in Pankow für fünfzehn Mark täglich ein. Da meine Mittel mit der Zeit aber immer spärlicher wurden, war ich gezwungen in eine Mansarde unterm Dach umzusiedeln.

Mein neues Domizil, übrigens für die nächsten elf Jahre, hatte zwei entscheidende Vorteile. Erstens lag die Bude in Schöneweide, also in unmittelbarer Nähe der Schule und zweitens kostete sie nur fünfzehn Mark im Monat. Ich war am Ziel meiner Wünsche angekommen und recht glücklich. Weniger glücklich gestalteten sich meine ersten Studienerfahrungen. Es gab nämlich zunächst ein sogenanntes Etüden-Seminar. Man saß in lockerer Runde zusammen. Jeder ging nacheinander auf die Bühne und spielte irgendwas. Mir fiel leider nie etwas ein. Also forderte mich meine Dozentin auf, eine Grammophonnadel zu spielen. Ich erinnere mich noch genau, wie geschockt ich war. Und das mir. Eine Grammophonnadel. Ich, der ich am Theater der Bergarbeiter schon mit berühmten Regisseuren und Schauspielern Revolutionen in Flandern und Monologe als Kammerdiener gestaltet hatte.

Aber warum nicht, dachte ich mir, du bist ja begabt. Ich ging auf die Bühne, hob die Arme, machte mich lang, drehte mich und kreischte ohrenbetäubend. Meine Dozentin war geradezu begeistert. Ich vermied es, allerdings zu fragen, ob sie auch das Lied erkannt hat, dass ich gerade abgespielt hatte.

Ein halbes Jahr ging das so. Wir beschäftigten uns damit, versteckte Milchflaschen zu suchen, wo keine waren und Samtdecken auf nicht vorhandenen Tischen zu ertasten. Ich fühlte mich eher wie in einer Gruppentherapie für verhaltensgestörte Jugendliche als an einer Schauspielschule. Dafür entschädigte mich das Großstadtleben in Berlin. Gerade ich, der ich ja von Hause aus ein sehr geselliger und abenteuerlicher Typ war, fühlte mich in dieser Stadt sehr wohl.

Viele Theater, Kinos, Kneipen und vor allem die Möwe. Ein Künstlerclub so recht nach meinem Geschmack. Dort sah man viele bekannte Schauspieler und andere Künstler. Manchmal allerdings auch in einem etwas bedauerlichen Zustand. Aber so müssen Künstler eben sein, dachte ich mir. An der Schule hatte ich die Ära der

Grammophonnadeln erfolgreich verlassen und stand nun in verschiedenen Szenenstudien auf der Bühne. Und ich spielte was, das Zeug hielt. Ich muss recht gut gewesen sein, denn eines Tages kam ein berühmter Regisseur vom Deutschen Theater auf mich zu und besetzte mich in dem antiken Stück Antigone. Ich ahnte damals noch nicht, dass das eine meiner schwersten Herausforderungen werden sollte.

Stundenlang lag ich auf den Knien mit einer Urne in der Hand und deklamierte griechische Verse. Dabei kam von meinem Regisseur, der lieber mit einer dicken Zigarre im Mund aus dem Fenster starrte, als meiner Darstellung zuzuschauen, kein Wort des Lobes oder der Anerkennung. Ich ließ alles über mich ergehen, deklamierte tapfer weiter, auch wenn die Knie schmerzten und die Hände die verdammte Urne kaum noch halten konnten. Ich wollte ja zur Bühne.

Aber auch die Geduld eines jungen Schauspielstudenten ist nicht endlos. Ich fühlte mich zum ersten Mal an einem Tiefpunkt meiner so hoffnungsvoll begonnenen Karriere. Da begab es sich, dass uns der Regisseur nach der Probe zu einer lustigen Faschingsparty in den Berliner Studentenclub einlud. Völlig überrascht stimmte ich zu. Nach mehreren Gin Tonic entschloss ich mich zu einem klärenden Gespräch. Ich machte ihm klar, dass ich so nicht weiter arbeiten könne, sollte sich da nichts ändern. Die einzige Alternative dazu wäre, entweder mich, ihn oder alle beide umzubringen. Er begann lauthals zu lachen, und eröffnete mir dann, ein Schauspieler müsse ganz unten sein. Nur so könne man etwas aus sich heraus aufbauen. Zweifeln am Sinn seiner Berufung, auf einer Bühne zu stehen, ist eine der Grundtugenden jedes

Schauspielers. Dieser Satz fällt mir oft ein, wenn ich heute ins Theater gehe oder den Fernseher einschalte.

Meine alte Schauspieldozentin Frau Prof. Glaser brachte es einmal auf den Punkt. Sie meinte, ein Schauspieler müsse auf der Bühne völlig leer sein. Aber sie kenne kaum noch einen. Die Meisten wären abends immer halb voll.

Wenn der Dank ausbleibt

An der Berliner Schauspielschule war es eine schöne Tradition, die Studenten schon sehr früh an den normalen Bühnenalltag eines Theaters heranzuführen. Ich hatte das Glück, das Deutsche Theater zu erwischen.

Ich empfand es damals als unwirkliche Realität. Da stand plötzlich der kleine, gedemütigte FDJ-Sekretär auf der Bühne des Deutschen Theaters. Und das zusammen mit großen Mimen wie Dieter Mann, Gerhard Bienert oder Mathilde Danegger. Welch eine Genugtuung. Ich begriff hier auch hautnah das bekannte Sprichwort, wonach die Götter vor dem Preis erst den Schweiß gesetzt haben.

Ich erlebte Horst Drinda und R. Joh. Baur mit Kleiderbügeln bewaffnet vor ihrem Auftritt im Hamlet auf dem Gang zur Bühne immer ihr Gefecht üben, die wunderbare Lissy Tempelhof bis zur Erschöpfung Samba trainieren und durfte Fred Düren im Faust erleben, während ich als Schüler im Osterspaziergang stundenlang auf der Drehbühne im Kreis marschierte.

Ich kann mich an eine Episode aus „Unterwegs" erinnern. Vier junge Komsomolzen werden in einem russischen Dorf dem Opa vorgestellt. Gerhard Bienert sind an diesem Abend die Namen der Vier aber leider entfallen. Leise fragte er meinen Nebenmann wie er hieße. Laut und deutlich antwortete mein Kollege „Krause". „Im Stück", zischte Bienert leise. Im selben Moment erkannte ich, dass jetzt meine Chance gekommen war, mich etwas zu profilieren. Ich antwortete nämlich mit einem strahlenden Lächeln: „Das ist Shenja."

Bienert sah mich mit einem verdutzten Blick an. Ich fühlte tiefen Stolz und Befriedigung. Hatte ich doch mit meinem Eingreifen eine wichtige Vorstellung am Deutschen Theater gerettet. Nach meinem Abgang auf dem Weg zur Garderobe kam mir Mathilde Danegger entgegen und sagte zu mir: „Mein lieber Freund, du hast eine Eigenschaft, die man nicht bei allen Schauspielern findet. Du denkst mit. Das ist zwar sehr schön, aber glaube mir, es wird dir niemals gedankt." Und wie Recht sie hatte. Ich weiß nicht mehr, bei wie vielen Situationen auf der Bühne mir dieser Satz einfiel.

Neben dem Theater erschloss sich mir aber auch sehr schnell ein zweites Medium, dass mich später über viele Jahre begleiten sollte, Film und Fernsehen. Mein erstes Erlebnis in dieser für mich völlig fremden Welt war eine kleine, aber für meine Begriffe damals wichtige Rolle in dem Fernsehfilm „Krupp und Krause". Auf einmal stand ich mit Leuten vor der Kamera, die mir vor wenigen Jahren noch unerreichbar schienen. Der kleine, manchmal etwas arrogante Rotzlöffel aus der Lausitz stand plötzlich mit Größen wie Günter Simon, Jürgen Frohriep, Helga Göring und so weiter in einem Filmstudio der DEFA in Babelsberg. Hatte ich es etwa jetzt geschafft?

Was mich aber am meisten verblüffte, war, mit welch geradezu traumwandlerischer Sicherheit ich mich mittlerweile auf diesem Parkett bewegte. Nach einiger Zeit war der Film abgedreht und ich sehnte den Termin der Ausstrahlung voller Ungeduld herbei. Konnte man doch überall und vor allem zu Hause sehen, was aus mir geworden war: ein Filmschauspieler. Vor allem konnte ich es meinem Vater beweisen, der von meinem

Berufswunsch ja nie so richtig begeistert war. Er hätte es ja sowieso lieber gesehen, ich wäre als Ingenieur in Gummistiefeln durch irgendwelche Tagebaue gelatscht.

Nach der Sendung des Films geschah auch genau das, was ich mir erhofft hatte. Viele Bekannte und Kollegen kamen, um ihm zu seinem tollen Sohn zu gratulieren. Einem Sohn, der einfach mal so mit Größen wie Günter Simon im Fernsehen auftritt. Ich kenne seine Kommentare nicht im Einzelnen, aber sein Verdienst daran wird er ganz sicher nicht unter den Teppich gekehrt haben. Und das mit Recht.

Mit Freude bemerkte ich, wie sich meine eher bescheidene Filmkarriere immer mehr stabilisierte. Was sich nicht zuletzt auch in der Größe der Rollen ausdrückte. Meine größte und auch schönste Rolle damals übertrug mir Kurt Veth mit der Verfilmung des Romans von Tshingis Aitmatows „Djamila". Doch davon später.

Natürlich verdiente ich mit meiner außerschulischen Arbeit für meinige damaligen Verhältnisse richtig gut Geld, was meinem Lebensstil nur zugutekam. Denn neben all den vielen Aufgaben, die mich tagsüber in Anspruch nahmen, gab es ja noch einen ganz wichtigen Teil meines Lebens, den privaten. Der war auf jeden Fall genauso wichtig wie der Rest. Und machte auch mindestens so viel Spaß.

Während sich mein Studium in relativ geordneten Bahnen bewegte, glich mein Privatleben eher einer Achterbahnfahrt. Es ist für mich nicht einfach, heute mit einem gewissen Abstand darüber zu schreiben. Meine

Stimmung schwankte oft zwischen himmelhochjauchzend und zu Tode betrübt.

Ich verbrachte meine Abende immer öfter in irgendeinem Theater, und anschließend in diversen Kneipen rund um die Friedrichstraße. Aber meist landete ich dann doch immer irgendwie in der Möwe. Hier konnte man Leute treffen, mit denen man trank und über Gott und die Welt diskutierte. Zu vorgerückter Stunde ließ sich manchmal auch ein mehr oder weniger bekannter Schauspieler herab, einem kleinen Studenten die Kunst im Allgemeinen und das Theater im Besonderen zu erklären.

Ich spürte ganz deutlich, hier schlug das wahre Herz der Kunst, so glaubte ich damals. Apropos Herz. Es war eben nicht immer nur die Kunst und die Liebe zum Theater, die mich ruhelos umhertrieb. Ich suchte auch ständig den Kontakt zu anderen Menschen. So kam es öfter mal vor, dass ich nicht immer in meiner Studentenbude aufwachte.

Wer kennt nicht den Moment, morgens aufzuwachen und eine Zimmerdecke zu erblicken, die nicht die eigene ist. An eine Episode kann ich mich noch besonders gut erinnern. Ich erwachte wieder einmal unter einer mir völlig unbekannten Zimmerdecke. Ich stand leise auf, ging zum Fenster und traute meinen Augen nicht. Vor mir stand zum Greifen nah und in voller Schönheit das Brandenburger Tor. Nach einer kurzen Schrecksekunde musste ich feststellen, ich war in der Ungarischen Botschaft gelandet.

Das Brandenburger Tor habe ich übrigens erst wieder nach dem Mauerfall aus dieser Nähe gesehen. Jedenfalls lernte ich in dieser Zeit eine ganze Reihe Berliner

Wohnungen aus fast immer der gleichen Perspektive kennen.

Ganz unter dem Motto: Zeig mir deine Decke und ich sag dir, wer du bist.

Wie ich trotz Fahnenflucht knapp der Todesstrafe entkam

Mitte der sechziger Jahre geschah etwas, was man sich zumindest an einem Kunstinstitut wie der Schauspielschule kaum vorstellen konnte. Es wurde die militärische Grundausbildung eingeführt.

Kunstschulen galten ja schon immer als ein potentieller Herd geistiger Revolten und Sammelbecken Andersdenkender. Dazu kam, dass viele für das Studium vom aktiven Wehrdienst freigestellt worden waren. Also wurde es höchste Zeit, dieser ganzen intellektuellen Bande beizubringen, dass das „auf den Hochschulen Herumlungern" auch verteidigt werden muss. Und wer könnte das besser als das Militär. Dieser schweren Aufgabe hatte sich bei uns ein ehemaliger Unteroffizier verschrieben. Er ahnte ja nicht, was da auf ihn zukam.

Am ersten Tag unserer Ausbildung saßen wir alle morgens auf einer Probebühne und harrten der Dinge, die da auf uns zukommen sollten. Plötzlich wurde die Tür aufgerissen und unser Ausbilder betrat mit festem Schritt den Raum. Wir trauten unseren Augen kaum. Vor uns stand ein schmales Jüngelchen. Er war etwa um die zwanzig und in einer Aufmachung, die eher einem Mitropakellner glich. Leicht abgewetzter, schwarzer Anzug, dazu eine schwarze Mozartschleife, schiefgetretene Schuhe und nach hinten gekämmte, fettige Haare. Und als Kellner wurde er auch gleich begrüßt. „Toller Lehrgang, sogar mit Bedienung" oder „Herr Ober, sechs Bier" tönte es sofort von unten. Diese

Anspielungen auf sein Äußeres schienen allerdings geradezu von ihm abzuprallen.

Er nahm Haltung an und stellte sich in strengem militärischem Ton als Unteroffizier der Reserve vor. Er werde uns die militärischen Grundbegriffe, koste es was es wolle, beibringen. Mit den Worten „Zeit dient nur dem Klassenfeind" machte er auch sofort ernst. Er legte die Hände an die Hosennaht, drückte das dürre Kreuz durch und marschierte im preußischen Stechschritt über die erbärmlich knarrende Probebühne. Man stelle sich mal dieses Bild vor. Da marschiert eine halbe Portion Mitropakellner unter tosendem Beifall im Kreis herum und ruft dabei immer Links, Links, Links und Zwei, Drei, Vier.

So amüsiert wir am Anfang auch waren, so leid tat uns der arme Kerl nach einer gewissen Zeit. Schon bald machte sich gepflegte Langeweile in unserem Reserveseminar breit. Das änderte sich allerdings, als es an die praktische Ausbildung im Gelände ging. Unser Gefechtsfeld war eine alte Kuhweide am Rande von Köpenick. An einem trüben, nasskalten Morgen traf sich jedenfalls die ganze Kampfbrigade in dieser Einöde. Das Gelände sah aus, als wäre kurz zuvor eine ganze Herde Auerochsen durchgetrieben worden. Unser Unteroffizier erschien in kompletter Felddienstuniform und sah gar nicht mehr wie ein Kellner aus. Da uns keiner gesagt hatte, dass uns solch ein Drecksacker erwartete, waren wir überhaupt nicht dafür angezogen. Ich hatte zwar nicht meinen besten Anzug und die braunen Wildlederschuhe an, trotzdem war ich fest entschlossen, nicht einen Krümel Dreck an meine Klamotten zu lassen. Dann kam der Befehl: „Feind greift an!" Ich suchte mir genau wie die anderen ein trockenes Fleckchen, dass die Auerochsen übrig gelassen hatten und beschloss, es um jeden Preis zu verteidigen. Schon hallten Rufe wie „Wo liegt denn nun der Iwan" oder „Wann kommt denn Rommel, um uns rauszuhauen" über den Kriegsschauplatz. Immer wieder mahnte uns der kommandierende Unteroffizier zu mehr Ernsthaftigkeit.

Dann passierte es. Nicht die Russen kamen, sondern ich rutschte aus und flog mit dem Rücken in den Resthaufen eines Auerochsen. Das war zu viel. Die Stunde der Deserteure war angebrochen. Ich beschloss, meinen Kampfeinsatz sofort abzubrechen. Mit dem Ruf „Männer, ich hau ab, wer kommt mit" kroch ich völlig verdreckt aus meinem Loch und trottete vom Schlachtfeld. Hinter mir kam sichtlich erleichtert der Rest der Truppe. Von weitem hörten wir noch den Kommandanten rufen, das wäre Befehlsverweigerung und Feigheit vor dem Feind. Uns ließ das alles völlig kalt.

Ich hatte meinen Aufruf zur Fahnenflucht schon längst vergessen. Da wurde ich Jahre später noch einmal daran erinnert. Während meiner Reservezeit bei der Armee wurde ich einmal wegen einer Zeugenaussage zum Militärstaatsanwalt zitiert. Er fragte mich neben vielem anderen auch nach militärischen Vergehen in der Vergangenheit. Sein Blick zwang mich, meinen Aufruf zur Fahnenflucht während einer vormilitärischen Ausbildung zuzugeben. Er meinte: „Darauf steht die Todesstrafe." Er sah mich streng an, schloss die Akte und ging. Zurück in der Kaserne fragte mich mein Vorgesetzter: „War irgendwas Besonderes?" „Nichts von Bedeutung", antwortete ich. „Bloß, dass ich gerade knapp der Todesstrafe entkommen bin."

Als die Achterbahn ins Trudeln kam

Nach unserer gelungenen Fahnenflucht beschlossen wir, die Strapazen dieser Übung in einer Kneipe mit ein paar Bierchen runterzuspülen. Kurze Zeit später saßen wir alle in fröhlicher Runde und erholten uns von unserem schweren Militäreinsatz. Ein Mädchen erregte am Nebentisch im Laufe der Zeit immer mehr meine Aufmerksamkeit. Sie hatte ein hübsches Gesicht und eine Wuschelfrisur wie Angela Davis. Ich schien ihr auch nicht ganz gleichgültig gewesen zu sein. Denn unser Gespräch wurde zunehmend intensiver.

In der nächsten Zeit trafen wir uns immer öfter. Eines Tages geschah es, dass sie mich rein zufällig in meiner Bude unterm Dach besuchte. Und wie der Zufall doch so spielt, hatte sie auch ein Fläschchen Wein dabei. Es wurde ein sehr schöner und gemütlicher Abend. Ich wachte am nächsten Morgen auf und merkte, jemand lag neben mir. Ich sah zur Zimmerdecke und wusste sofort, es war meine eigene. Was ich allerdings damals noch nicht wusste, war, dass jene, die da neben mir lag, irgendwann einmal meine Frau werden sollte.

Wir waren immer öfter zusammen, bis das geschah, was fast immer der erste Schritt ins Verderben ist. Sie zog bei mir ein. Ich hatte auch keine Bedenken. Passten wir doch gut zusammen, fand ich. Sie handelte mit Büchern, trank Wein und rauchte Cabinet. Ich handelte meistens falsch, trank alles durcheinander und rauchte Karo. Also eine gelungene Mischung.

Nun war meine Bude für zwei Personen nicht gerade eingerichtet. Zumal eine der Personen auch noch eine Frau war. Es galt also, die Hütte aufzurüsten. Das wichtigste dabei waren Matratzen. Ich besaß zwar ein eisernes Bett, aber die Polster waren Mangelware. Bei meinen Eltern dagegen lagerten einige einfach so vor sich hin. Das Problem bestand nun darin, die guten Stücke aus der Lausitz in die Hauptstadt zu schaffen. Mit der ganzen Aktion Matratzentransport wurde meine Mutter beauftragt. Sie war als resolute Frau für solche schwierigen Aufgaben bestens geeignet.

Da wir kein Auto besaßen, hieß das für meine Mutter zwangsläufig Deutsche Reichsbahn. Dazu bedurfte es allerdings einer logistischen Meisterleistung. Am Heimatbahnhof rein in den Zug und in Lübben wieder raus. In den Nächsten wieder rein und in Königs-Wusterhausen wieder raus. In die S-Bahn rein, in Karlshorst wieder raus. Am Ostkreuz umsteigen und in Schöneweide noch zweihundert Meter Fußweg und vier Treppen hoch. Und das alles mit drei Matratzen.

Meine Mutter entsprach damals dem typischen Bild einer Vertriebenen. Ein Reisender reagierte mitleidsvoll mit den Worten: „Na, Frau, Sie fangen wohl auch nochmal ganz von vorne an?" Als sie dann erschöpft, aber froh in meiner Bude saß, sagte sie nur: „Man muss eben aus allem das Beste machen."

Das versuchte auch einmal mein Vater. Ich besaß nur einen alten Küchenherd. Er heizte zwar gut und schnell, sah aber entsetzlich aus. Ich besorgte also einen kleinen, transportablen Kachelofen. Mein Vater nahm ihn im Hof auseinander und wuchtete die Einzelteile wieder vier

Treppen nach oben. Das Zusammensetzen erwies sich dann doch als Problem. Er löste es auf einfache Weise. Kurzerhand mauerte er innen alles zu, setzte Tür und Ofenrohr ein und hatte so eine Art Kamin gezaubert. Als ich bemerkte, dass die Kacheln nun nicht mehr heiß werden würden, bekam ich eine plausible Antwort. Erstens wäre dafür das Rohr da und zweitens sähe er viel besser aus als der alte Küchenherd. Das leuchtete mir ein. Denn wie heißt es so schön: „Auch das Auge friert mit."

So lebten wir recht komfortabel mit Kamin und reichlich Matratzen ausgestattet in trauter Zweisamkeit. Alles hätte so schön sein können. Wären da nicht die zwei Seelen, welche ach in meiner Brust wohnten. Sie las viel und war öfter etwas in sich gekehrt. Ich dagegen hätte mich schon hin und wieder mal ganz gerne wenden lassen. War es meine Furcht, mich plötzlich eindeutig festlegen zu müssen? Oder war es die Neugier auf neue fremde Zimmerdecken? Ob so oder so. Wir bekamen mehr und mehr Probleme. Sie hatte einen relativ großen Freundeskreis. Er unterschied sich von meinem nur insofern, dass ich so gut wie keinen hatte.

Viele ihrer Freunde und Bekannten waren Studenten oder erweckten jedenfalls den Eindruck. Unentwegt beschäftigten sie sich mit den politischen Ereignissen in Berlin. Es waren ja nicht umsonst die wilden 68er. Also hockte ich fortan nächtelang mit ihr in dunklen, verqualmten Studentenbuden bei flackerndem Kerzenlicht und bitter schmeckendem Rotwein und diskutierte bis zum Morgen über Gott und die Welt und was weiß ich noch alles. Dabei sehnte ich mich nach einer kleinen, verträumten Bar und anregenden Gesprächen.

So kehrte ich leichten Herzens der Revoluzzerszene den Rücken. Ich lernte neue Leute und gelegentlich auch ihre Zimmerdecken kennen. Mancher wird sich jetzt fragen, wie konnte sich dieses Mädel mit solch einem Kerl einlassen? Darauf kann ich nur sagen, dass ich mir die gleiche Frage damals auch oft gestellt habe. Ja, ich war sogar der Meinung, sie wäre viel zu gut für mich. Eigentlich hatte ich sie gar nicht verdient. Bloß gesagt habe ich es ihr nie. Ich war eben der festen Überzeugung, mit so einem wie mir ist es nun mal nicht so einfach.

Doch Vorsicht. Jeder, der mich jetzt in die Hölle schicken will, sollte einmal ein klein wenig in seiner Vergangenheit kramen. Vielleicht erkennt er sich dann wieder.

Wie Goethes Nachtlied wirken kann

Ein Ort der Ruhe bei inneren Turbulenzen und äußerer Hektik war die Schauspielschule. Sie war damals noch ein ganz aus Holz gebautes, ehemaliges Bootshaus mit großen Bäumen im Park und direkt an der Spree gelegen. Ich mochte dieses Haus. Auch wenn es alles andere als komfortabel war. Es hatte einen eigenen Charme. In allen Räumen waren kleine, eiserne Öfen, die von unserem Hausmeister, Herrn Hemp, im Winter ständig beheizt wurden.

So konnte es durchaus passieren, dass während einer dramatischen Szene plötzlich die Tür aufging und der Hausmeister mit dem immer gleichen Satz „Muss nachlegen" das Geschehen auf der Bühne unterbrach. Ich glaube, wenn Goethe jemals diese Schule besucht und aus einem der oberen Dachfenster auf Park und Spree geschaut hätte, wäre hier ganz sicher sein „Verweile doch, du bist so schön" entstanden. Aber was soll schon ein Geheimrat aus Weimar in Schöneweide.

Apropos Goethe und Dachfenster. Mein Raum für Sprecherziehung lag ganz oben unterm Dach. Mit einem herrlichen Blick auf den Park mit den vielen alten Bäumen. Meine Sprecherzieherin war eine ältere ehemalige Schauspielerin, Maria Braun. Aber sie war nicht nur meine Lehrerin, sondern auch noch eine langjährige Kollegin. Wir spielten nämlich schon zusammen im Egmont am Theater. Sie die Mutter und ich den jungen Revolutionär aus Flandern. Der Leser erinnert sich möglicherweise. Was man von meiner

Kollegin nicht behaupten konnte. Denn als ich sie nach unserem ersten Wiedersehen darauf ansprach, murmelte sie nur „So, da spielten auch Revolutionäre mit?" Also entweder war meine Rolle doch zu klein, oder sie hatte schon Gedächtnisschwund. Vielleicht hatte sie auch bloß das Stück nicht richtig durchgelesen. Da wäre sie nicht die erste. Mir war das auch egal. Was interessieren mich alternde Sprecherzieherinnen, dachte ich mir damals.

Jedenfalls hatte ich wieder mal einen Termin bei Maria. Es war später Nachmittag und ein wunderschöner, lauer Herbsttag. Ich machte meine vorgeschriebenen Übungen. Atmen, schnell und langsam sprechen und die Kraftstimme trainieren. Dafür brüllte ich immer „Hoch Brabant, nieder mit den Fürsten, es lebe die Revolution von Flandern." Das war genau der Text aus Egmont, den ich immer als Statist auf der Bühne rufen musste, bevor man mich aus Sicherheitsgründen nach hinten in die Kulissen verbannte. Ich hoffte damit immer wieder, ihrem verkalkten Gedächtnis etwas auf die Sprünge zu helfen. Aber es nützte nichts. Ich konnte brüllen, so laut ich wollte. Ihr Erinnerungsvermögen rührte sich nicht. Wie immer gab ich nach einer Weile vor Erschöpfung auf.

Bei ihr war es üblich, die Stunde immer mit einem kleinen Gedicht zu beenden. Ich hatte mich dieses Mal für Goethes „Wanderers Nachtlied" entschieden. Nach einer kurzen Erholungsphase stellte ich mich also an das halb geöffnete Fenster und schaute in die Herbstdämmerung. Ich begann mit schmachtender Stimme das berühmte „Über allen Gipfeln ist Ruh" zu deklamieren. Hinter mir spürte ich andächtige Stille. Da das Werk ja nicht besonders lang war, kam ich auch ziemlich schnell zum

Schluss. Ich drehte mich erwartungsvoll um und traute meinen Augen nicht. Maria war verschwunden. Ich konnte mir das nicht erklären. Erst bei genauerem Hinsehen erkannte ich, was passiert war. Anstatt sich an meinem Vortrag zu erbauen, war sie einfach unter den Tisch gerutscht und schlummerte friedlich vor sich hin.

Ich schlich mich leise hinaus. Erst mein donnerndes „Es lebe die Revolution von Flandern", das ich mir draußen nicht verkneifen konnte, brachte sie wahrscheinlich in die Wirklichkeit zurück.

Wie ich einen waschechten Intendantenstreit lostrat

Ich war mittlerweile im letzten Jahr meines Studiums und es begann langsam ernst zu werden. Es nahten die Intendanten-Vorsprechen. Hier wurde entschieden, an welcher Bühne man in Zukunft seine ersten Erfolge feiern durfte.

Das Prinzip war ganz einfach. Je besser das Vorsprechen, desto besser die Bühne. Ich konnte dem allen, wie immer, sehr gelassen entgegensehen. Ich hatte schon eine Option für die „Städtischen Theater" in Karl-Marx-Stadt. Das waren gute Voraussetzungen für meinen Start auf die Bretter, die die Welt bedeuten. Ich hatte zusammen mit einer Kommilitonin eine Szene aus Shakespeares Komödie „Der Widerspenstigen Zähmung" einstudiert und sprach sie den anwesenden Intendanten vor. Dabei ging es weniger um mich als um meine Partnerin. Ich weiß nicht mehr, woran es lag. Es fand sich jedenfalls kein Intendant, der Interesse zeigte, sie zu engagieren. Da aber jeder in der DDR das Recht auf einen Arbeitsplatz hatte, bekam sie ein Angebot an das Mecklenburgische Staatstheater Schwerin, gewissermaßen zugeteilt.

Gemeinsam fuhren wir dorthin, um noch einmal vorzusprechen. Als alles vorbei war, geschah etwas, womit ich nun überhaupt nicht gerechnet hatte. Ich wurde zum Intendanten bestellt. Völlig überrascht betrat ich ein mit dicken Polstertüren und schweren Möbeln ausgestattetes Büro. Hinter einem imposanten Schreibtisch thronte der Prinzipal und lächelte mich wohlwollend an. Dann eröffnete er mir, dass ihm das Vorsprechen sehr gut gefallen habe. Er hätte großes Interesse daran, mich als neues Ensemblemitglied zu begrüßen. Natürlich lobte ich artig sein tolles Theater und wie es für jeden jungen Schauspieler geradezu ein Traum sein müsse, an solch einem Haus spielen zu dürfen.

Freundlich lächelnd und Bescheidenheit heuchelnd lehnte er sich zurück. Dann eröffnete ich ihm, nicht ich, sondern meine Kollegin hätte die Absicht, hier ihre Bühnenkarriere zu beginnen. Sein Gesicht verdüsterte sich schlagartig. Was musste er da eben erleben. Ein kleiner Schauspielabsolvent, ein Nichts am Theaterhimmel, ein Krümel auf den Bühnenbrettern, lehnt es ab an seinem großen Haus Theater zu spielen.

Ich glaube, es war zu viel für ihn. Mit einem finsteren „Sie hören noch von mir" hielt er mir seine Hand hin. Ich ergriff sie, verabschiedete mich höflich und ging. Kreidebleich kehrte ich zu meiner Partnerin zurück. Noch völlig beeindruckt stammelte ich: „Wer den zum Freund hat, braucht keine Feinde fürchten." Meine Partnerin wurde zwar noch der Höflichkeit entsprechend empfangen, natürlich völlig umsonst. In dieser Stimmung hätte er wahrscheinlich nicht mal Gründgens engagiert.

Enttäuscht, aber beeindruckt fuhren wir nach Berlin zurück. Ich war, was meine Zukunft betraf, so ziemlich ohne jedes Problem. Eines Tages jedoch bestellte mich unser Direktor Prof. Penka in sein Büro. Er fragte mich, wieso ich in Schwerin ohne sein Wissen Engagement-Verhandlungen geführt hätte. Ich habe doch dem Intendanten in Karl-Marx-Stadt bereits eine feste Zusage gegeben.

Ich fiel aus allen Wolken. Das hatte also das alte Schlitzohr mit „Sie hören noch von mir" gemeint. Ich erläuterte dem Chef die wahren Umstände. Als er mich dann weiter fragte, ob ich ihm die Hand gegeben hätte, sagte ich ja. Er habe sie mir ja hingestreckt. Daraufhin wies mich Penka auf ein altes Theatergesetz hin. Handschlag sei nämlich immer bindend. „Das ist ja wie beim Pferdehandel", bemerkte ich verdutzt. Man konnte es drehen, wie man wollte. Ich hatte einen saftigen Intendantenstreit über meine Person los getreten.

Natürlich bekam ich auch umgehend Vertragsunterlagen aus Schwerin zur Unterschrift, die ich immer wieder zurückschickte, bis sie durch den häufigen Postverkehr schon ganz zerlesen waren. So ging das einen Monat, bis der Mecklenburger Dickschädel endlich zähneknirschend klein beigab. Was für ein Karrierestart. Ich hatte noch keinen Fuß auf irgendeine Bühne gesetzt, aber die Intendanten stritten sich schon um mich.

Wie Kirgisien nach Johannisthal kam

Natürlich war ich in den letzten Monaten, wie alle anderen, in Gedanken schon am künftigen Theater. Wir schoben eine ruhige Kugel und gaben uns unserer Lieblingsbeschäftigung hin, nichts zu tun. Abends traf man sich gelegentlich bei Bruno im Haus zwei zum geselligen Beisammensein.

Da erreichte mich eines Tages ein Telegramm vom Besetzungsbüro des Fernsehens. Nun hatte ich ja in den letzten Jahren schon einiges im Fernsehen gemacht. Aber das war für mich doch etwas überraschend. Als ich dann erst die Einzelheiten am Telefon erfuhr, kannte meine Begeisterung kaum noch Grenzen. Der sehr bekannte Regisseur Kurt Veth inszenierte fürs Fernsehen „Djamila" nach dem gleichnamigen Roman von Aitmatow. Und ich sollte eine der Hauptrollen spielen.

Für einen jungen Schauspielabsolventen am Beginn seiner Karriere ein Hauptgewinn im Lotto. Als ich dann die Namen meiner Partner erfuhr, bekam ich doch schon ein ziemliches Drücken in der Magengegend. Renate Richter, Stefan Liesewski, Lotte Loebinger, alles Schauspieler, die ich jahrelang vom Zuschauerraum aus bewundert hatte. Würde ich denen gewachsen sein? Sicher, ich stand auch schon mit Günter Simon vor der Kamera. Aber da spielte er die Hauptrolle und nicht ich. Ich hatte aber auch ein großes Plus auf der Habenseite. Jetzt kam die hervorragende und praxisbezogene Ausbildung der Studenten auf den Berliner Bühnen zum Tragen.

Ich hatte schon früh Kontakt mit den großen Mimen dieser Stadt und wusste um die Selbstverständlichkeit und das freundliche Aufeinander-Zugehen. Gerade das machte die großen Schauspieler für mich so liebenswert. Die Rolle des „Seit" war für mich die erste große Herausforderung. Vieles, was in der Seele dieser Figur vor sich ging, war für mich direkt nachvollziehbar. Ein sensibler kirgisischer Junge träumt davon, in die große Stadt zu gehen, um ein berühmter Maler zu werden. Aber seine innere Zerrissenheit, die jugendliche Liebe zu einer älteren Frau und nicht zuletzt der Krieg stellen ihn vor schier unüberwindliche Hindernisse.

Einerseits ist er seinen Traditionen verhaftet, andererseits von einer großen Sehnsucht erfüllt, seine Ziele zu verwirklichen. All das stößt ihn immer wieder in tiefe innere Konflikte. Aber mit Zielstrebigkeit und einem unerschütterlichen Glauben an sich selbst gelingt es ihm aus seiner Welt auszubrechen und seine Ideale zu verwirklichen. Er wird ein berühmter Maler. Ich kann mich erinnern, dass ich damals mit einem doch etwas mulmigen Gefühl in die erste Probe ging. Aber meine Sorgen waren völlig überflüssig. Ich wurde sofort kollegial, ja geradezu freundschaftlich aufgenommen.

Natürlich war meine Freude entsprechend groß. Die verflog aber recht schnell, als ich das erste Mal das Probenstudio betrat. Da es auch im DDR-Fernsehen mittlerweile bunt zuging, hatte man in Johannisthal ein Farbstudio gebaut, in dem vornehmlich geprobt wurde. Allerdings glich das mehr einer Werkhalle. In der Mitte hatte man für die Proben provisorisch aus Brettern Teile eines kirgisischen Gebirges aufgebaut. Um welches es sich dabei handelte, konnte man leider nicht erkennen. In diesem Hangar sollte ich also tiefe Gefühle und innere Zerrissenheit spielen, ging es mir durch den Kopf. Der Regisseur, ein ebenso sensibler wie erfahrener Mensch, zerstreute aber meine Zweifel. Er erklärte mir, in Kirgisien würden die Menschen immer auf die höchsten Berge steigen, um alle ihre Konflikte und inneren Probleme unter dem Dach des Himmels zu lösen. Und der ist ja nun um einiges höher als dieses Hallendach. Das leuchtete mir ein.

Und dann fügte er noch hinzu: „Ein guter Schauspieler kann auch in einer Werkhalle tiefe Gefühle erzeugen." Ehrlich gesagt, war mir damals ein Theater dafür lieber.

Warum der Regisseur immer Recht hat

In unserem Studienjahr herrschte zunehmend Nervosität und Aufbruchsstimmung. Hieß es doch, bald die Schule zu verlassen. Da erreichte mich eine Nachricht vom Wehrbezirkskommando. Meine Schonfrist sei abgelaufen. Das Vaterland rief und ich war sauer. Ich sollte zur Fahne. Damit hatten sich meine ganzen Pläne und Hoffnungen völlig zerschlagen. Nun hoffte ich nur auf meinen neuen Intendanten Gerhard Meyer in Karl-Marx-Stadt. Ich wusste, er liebte seine Schauspieler und setzte sich sehr für sie ein. Aber liebte er auch mich? Ich konnte es nur hoffen.

Meine Hoffnungen sollten nicht enttäuscht werden. Ich wurde wieder zurückgestellt. Meine erste Rolle war in dem Stück „Die Illegalen". Und was für eine. Natürlich ein Illegaler. Ich musste immer am Bühnenrand im Dunkeln stehen und keinen Ton von mir geben. Schließlich war ich ja illegal. Ich war so versteckt inszeniert, dass nicht mal die Kollegen auf der Bühne meine Abwesenheit bemerkt hätten, wenn ich mal nicht da gestanden hätte. Auch wenn mich kein Schwein wahrnahm, spielte ich den Illegalen mit innerer Anteilnahme und tiefer Glaubwürdigkeit. Mein Regisseur erläuterte mir das Ganze natürlich auf seine Weise.

Man müsse sich am Theater seine Sporen erst verdienen. Denn die Leute mussten natürlich zunächst einmal sehen, was ich schauspielerisch so zu bieten habe. Auf meine Frage, wie das funktionieren soll, wenn man ständig am Bühnenrand im Dunkeln steht und kein Wort sagen darf, bekam ich zur Antwort, das sei eben Schauspielkunst.

Meine nächste Herausforderung war eine Figur in „Der gute Mensch von Sezuan" von Brecht. Sie hatte zwar auch keinen Namen, ich stand aber schon im Programmheft. So durfte ich das erste Mal im Hellen zwischen meinen Kollegen sitzen und so bedeutende Sätze wie „Da habt Ihr recht, Herr Ma Fu" oder „Ich weiß es nicht, Frau Mi Tzü" sagen. Eine Aufgabe, mit der ich den Leuten endlich zeigen wollte, was ich so drauf hatte.

Nach weiteren Rollen, die sich alle in etwa in den gleichen Dimensionen bewegten, bekam ich endlich meine erste Hauptrolle in Shakespeares „Was Ihr wollt", den Sebastian. Übrigens meine einzige an diesem Theater. Ich spielte in diesem Stück einen feinnervigen Charakter. Als Partner hatte ich einen Darsteller, der immer leicht schwitzend und ständig laut sprechend auf der Bühne hin und her hopste. Dabei fuchtelte er unentwegt mit einem Säbel vor meinem Gesicht herum. Als ich mich schließlich mal darüber beschwerte, erklärte mir der Regisseur, immerhin sei das eine Komödie. Und das Hopsen und Säbelfuchteln sei typisch Shakespeare. Ich nickte artig und dachte mir meinen Teil.

Natürlich hatte ich Furcht bei meiner ersten großen Rolle wegen irgendwelcher kritischen Äußerungen womöglich noch umbesetzt zu werden. Und das wollte ich nun wirklich nicht riskieren. Immerhin hatte ich ein weiteres Theatergesetz gelernt: der Regisseur hat immer Recht.

Übrigens, wissen Sie, wie der Regisseur erfunden wurde? Standen zwei Schauspieler auf der Bühne. Sagte der eine zum anderen: „Geh mal runter und gucke, ob ich in der Mitte stehe."

Warum der FDGB für den A... war

Neben den künstlerischen Problemen gab mir vor allem mein finanzieller Zustand immer wieder Anlass zur Sorge. Meine Reserven gingen mehr und mehr zur Neige. Mit einer Gage von 450 Mark brutto, also 398 Mark auf die Hand, waren keine großen Sprünge zu machen. Zumal die Hälfte der Summe sofort für die Kantinenrechnung drauf ging. Und der konnte man sich nicht entziehen. Unsere Kantinenwirtin besetzte nämlich am Zahltag, zusammen mit sämtlichen Familienangehörigen, alle Ausgänge und kassierte gnadenlos ab. Selbst ein geheimer Fluchtweg über das Dach wurde lückenlos bewacht. Es musste also eine Geldquelle her, koste es, was es wolle.

Aus dem Musiktheater trällerten damals vier ältliche Chorsolisten als Quarento Quartett durch Dorfkneipen und Altersheime. Einer der Solisten, er hatte wohl ein leichtes Auge auf mich geworfen, fragte mich eines Tages, ob ich nicht in seinem Ensemble etwas literarisch tätig sein wolle. Ich könne doch zwischen ihren Gesängen heitere kleine Gedichte aufsagen. Nichts lieber als das. Da war sie doch. Die so dringend benötigte Geldquelle. Ein paar alberne Verse waren schnell gefunden und schon florierte das Geschäft. Alles lief auch eine ganze Zeit sehr gut, bis mich der Chorleiter zu einem zu einem Glas Wein zu sich nach Hause einlud. Ich lehnte dankend ab und lag wieder auf der Straße.

Es half alles nichts. Ich musste wieder meine alten bewährten Quellen wie Synchron und Rundfunk in Berlin anzapfen. Da ich am Theater nicht gerade übermäßig beschäftigt war, gab es da auch zeitlich kaum Probleme.

Einmal war ich wieder in Berlin, um mein Gehalt etwas aufzubessern. Am Theater lief an diesem Tag eine heitere musikalische Posse, in der ich nicht besetzt war. Da wollte es doch der Zufall, dass ein Politbüromitglied in höherem Alter plötzlich und völlig unerwartet verstarb. Am Theater spielte man aus diesem Grund keine Komödie, sondern ein ernstes Werk, in dem ich dummerweise besetzt war. Lag ich wieder mal unter einer fremden Zimmerdecke oder war anderweitig beschäftigt, ich weiß es nicht mehr. Ich war völlig ahnungslos. Die Nachricht hat mich jedenfalls nicht erreicht. Zurück im Theater eröffnete man mir, dass ich das Honorar für den eingesprungenen Kollegen zu bezahlen hätte, trotz meines freien Tages. Ich sah mein in Berlin so hart erarbeitetes Geld schon den Bach hinuntergehen und wandte mich sofort an Charlotte.

Sie war unsere Gewerkschaftstante, wie wir sie immer liebevoll nannten. Sie eröffnete mir, wie der FDGB zu diesem Sachverhalt stünde. Ich bin im Recht, muss aber zahlen. Sofort gab ich mein Mitgliedsbuch und meinen Austritt mit den besten Grüßen an den FDGB-Bundesvorstand zurück. Von diesem Tag war ich nie wieder Mitglied einer Gewerkschaft.

Übrigens, Jahre später bekam ich für eine Fernsehserie die höchste Auszeichnung des Ministeriums des Innern, den Theodor-Körner-Preis. In diesem Zusammenhang erreichte mich ein Telegramm von Harry Tisch. Er beglückwünschte mich als langjähriges Gewerkschaftsmitglied zu dieser hohen staatlichen

Auszeichnung. Mein Austritt wurde die ganze Zeit scheinbar überhaupt nicht ernst genommen.

Ja, wir sind überall...

Immer mehr musste ich feststellen, was ich mir für meine Karriere vorgenommen hatte, würde sich in einem Provinznest wie Karl-Marx-Stadt nie verwirklichen lassen. Es gab nur eins, zurück nach Berlin. Mein Entschluss stand also fest. Zumal mich ja auch ein gewisses gefühlsmäßiges Verlangen in die Hauptstadt zurückzog. Meine Beziehung aus früheren Tagen.

Natürlich hatte ich in Karl-Marx-Stadt auch eine Bekanntschaft mit einer jungen Dame. Ihre Mutter arbeitete bei uns am Theater und wir wohnten im selben Haus. Nur hatte diese zweifellos sehr attraktive Person ein kleines Geheimnis. Sie war nämlich neben ihrer normalen Beschäftigung auch noch inoffiziell für eine andere Firma tätig. Nun war ich schon immer ein sehr offenherziger Mensch, der sein Herz gern auf der Zunge trug. Sie war für jedes Gespräch mit mir äußerst dankbar und kümmerte sich auch sonst rührend um mich. War ich doch in meiner Naivität ein lohnendes Zielobjekt. So wussten bestimmte Dienststellen schon immer darüber Bescheid, was ich noch gar nicht vorhatte.

Da mein Vertrag nur zwei Jahre befristet war, entschloss ich mich, ihn nicht zu verlängern. Zähe Gagenverhandlungen um 50 Mark scheiterten und bestärkten mich in meinem Entschluss. Als ich meiner Bekannten mein Vorhaben zur Kenntnis gab, das Theater zu verlassen, lächelte sie schnippisch und sagte: „Ich weiß, du gehst nach Berlin." Ich war zwar im Moment etwas verblüfft, maß dem Ganzen aber keine größere Bedeutung zu. Erst die Mitteilung des Theaterpförtners, mich wollten zwei Herren sprechen, ließ mich stutzig werden. „Die kommen nach der Vorstellung noch mal", rief er mir hinter her.

Die ganze Sache regte mich eigentlich nicht weiter auf. Ich hatte meine letzte Vorstellung, freute mich auf Berlin und war mir ansonsten keiner Schuld bewusst. Nach der Vorstellung erwarteten mich auch zwei unauffällige Herren, denen man die Dienststelle schon von weitem ansah. Sie forderten mich freundlich, aber bestimmt, auf sie doch zu einem unverbindlichen Abschiedsgespräch zu begleiten. Ich nahm meine Sachen, darunter einen großen Blumenstrauß, den ich zum Abschied bekommen hatte und folgte ihnen. Gern würde ich Sie jetzt über den Zweck dieses Besuches aufklären, allein ich kann es nicht.

Entweder kannten sie ihn selber nicht oder das Ganze war so geheim, dass sie es mir nicht sagen durften. Ich selbst habe es leider nie herausgefunden. Nach einer Stunde nichtssagendem Gespräch durfte ich wieder gehen. Als ich die Diensträume verlassen wollte, deutete einer der Genossen auf meinen Strauß und erkundigte sich, ob ich denn immer Blumen bekäme. „Natürlich", entgegnete ich, „mein Publikum liebt mich doch." Die Antwort „Aber ich liebe doch auch alle" überließ er allerdings später seinem Chef.

Hilfe Wasser ... Warum immer ich?

Nun war ich also wieder in Berlin. Voll von Illusionen und Hoffnungen. Es begann der wohl schwerste, aber auch schönste Abschnitt in meinem Leben als Schauspieler. Ich wurde, wie man so schön sagt, freischaffend. Man muss sich das in etwa folgendermaßen vorstellen.

Da steht man als junger und hochtalentierter Schauspieler in Berlin. Nach einer Weile stellt man fest, dass da bereits ein ganzes Heer junger und hochtalentierter Schauspieler vor einem da war. Und viele davon auf der Straße. Und nun steht da noch einer. Damals habe ich begriffen, was es heißt, einfach ins Wasser zu springen. Das Ganze wirkte auf mich wie eine kalte Dusche. Das Wasser stand mir buchstäblich bis zum Hals.

Nun hatte ich ja zum Wasser schon immer eine besondere Beziehung, nämlich keine. Das begann schon in der Fruchtblase und zog sich wie ein feuchter Faden durch mein späteres Schauspielerleben. Nun galt meine ganze Leidenschaft dem Fernsehen. Es war abwechslungsreich, machte Spaß und man wurde populär. Allerdings machte ich immer wieder eine schmerzliche Erfahrung. Um mich mit Fernsehfilmen über Wasser zu halten, musste ich fast immer in selbiges hinein. Bei Drehbüchern war für mich immer eine der vordersten Seiten am interessantesten. Dort fand man in der Regel das Rollenverzeichnis. Hier war jede einzelne Figur aufgelistet. Und hinter den Figuren stand das Wichtigste. In einer Reihe die Anzahl der Szenen, in denen man beschäftigt war. Da wir pro Tag bezahlt wurden, war die Länge der Reihe von geradezu entscheidender Bedeutung. Hatte man nur eine halbe, war man doch schon etwas enttäuscht. Ab einer ganzen kam schon richtig Freude auf. Aber bei zwei oder gar drei Reihen war das Glück fast perfekt. Man hatte erstmal ausgesorgt. Und wer die meisten Reihen hatte, stand natürlich ganz oben. Vielleicht kommt daher auch der Begriff „Er stand als Schauspieler immer in der ersten Reihe".

Genauso wichtig waren für mich aber auch die Orte, an denen die einzelnen Szenen gedreht werden sollten. Mich überkam schon beim Durchblättern ein leichter Horrorschauer, wenn ich las „An einem verträumten Waldsee", „Im Freibad" oder „An einem stillen Kanal". Ich wusste dann immer schon, wenn überhaupt eine Person ins Wasser musste, war ich das. Ich glaube, man hatte sich damals im Besetzungsbüro gegen mich verschworen. Ich war mir sicher, immer wenn ein Regisseur kam und sagte, er habe eine Rolle zu besetzen, die ins Wasser muss, rief das ganze Besetzungsbüro einstimmig „Da nehmen wir den Storch. Das gibt immer Spaß, der kann nicht schwimmen."

Eines Tages hatte ich das Drehbuch zu dem Film „Härtetest" in der Hand. Die Handlung war bei der Volksarmee angesiedelt und es ging um Kameradschaft, Treue und Konflikte. In einer Szene sollten die Soldaten in einem selbst gebauten Floß einen Fluss überqueren. So weit, so gut. Tage vorher wurde uns gesagt, es sei ein kleines harmloses Bächlein und es bestehe überhaupt keine Gefahr. Nun gab es aber am Tag zuvor recht heftige Niederschläge und aus dem kleinen, verträumten

Bächlein war über Nacht ein reißendes Flüsschen geworden. Es wurde aber trotzdem gedreht.

Die Bühnentechnik hatte so ein Art Floß mit viel Geäst und Blättern als Tarnung zusammengezimmert. Dann wurde das abenteuerlich anmutende Gefährt zu Wasser gelassen und alle versuchten, sich einen trockenen Platz zu ergattern. Nach mehreren Schwimmversuchen meinte plötzlich der Regisseur, es müsse vielleicht doch ein Darsteller von außen die ganze Arche einigermaßen in Richtung halten. Alles schaute natürlich auf mich. Auch der Regisseur.

Man stelle sich mal folgendes vor. Da sitzt eine ganze Horde junger, kräftiger Männer. Von der Statur her potentielle Rettungsschwimmer, die von einem wasserscheuen Nichtschwimmer über einen reißenden Fluss gepaddelt werden sollten. Todesmutig stürzte ich mich in die Fluten. Aber nach meinem ersten Erstickungsanfall siegte beim Regisseur das Mitleid. Er fand auch schnell eine weniger lebensgefährliche Lösung dieses Problems. „Na bitte, warum nicht gleich so", keuchte ich, noch immer um Luft ringend. „Aber immer erst die Leute quälen."

Das war allerdings bei weitem nicht das einzige Mal. In der Fernsehserie „Die Leute von Züderow" spielte ich einen Volkspolizisten, der unter anderem auch einen Jungen aus einem Feuerlöschteich retten sollte. Folgende Situation: ein recht kräftiger Dorfbengel hängt brüllend und dem Ertrinken nah in einem Löschteich. Der Volkspolizist erkennt mit geübtem Auge sofort die Gefahr. Ohne die Frage zu stellen, warum sich ein fast ausgewachsener Bauernjunge nicht selber helfen kann, stürzt er sich in den ziemlich verdreckten Dorfteich. Ich sprang also in diesen Tümpel und paddelte in Todesangst los. Mittlerweile wurde ich aber von Panik ergriffen.

Plötzlich hörte man auch meine Hilferufe lautstark durch das Dorf schallen. Im weiteren Verlauf entstand in dem Tümpel so ein Durcheinander, dass Opfer und Retter nicht mehr zu unterscheiden waren. Die Dramatik des Geschehens war für alle Umstehenden aber äußerst beeindruckend. Da es im Film später leider so aussah, als ob der Dorfjunge den Volkspolizisten retten musste, wurde die Szene trotz hoher realistischer Darstellungskunst rausgeschnitten.

Ein weiteres Beispiel für meine halsbrecherischen Unterwasseraktionen war die Serie „Gewalt und Zärtlichkeit". Die Situation war einfach, aber trotzdem nicht belanglos. Eine Erdölbohrer-Brigade will sich auf der Suche nach dem schwarzen Gold in einem verträumten, aber arschkalten Waldsee von den schweren Strapazen erfrischen. Der See war relativ flach und hatte einen weit ins Wasser hineinragenden Steg. Auf Anweisung des Regisseurs sollte die ganze Truppe langsam in das Wasser hinein waten. Nur ich, wie sollte es anders sein, musste laut und fröhlich jubelnd mit einem langen Anlauf vom Steg springen. Ich sah, wie die anderen wegen der Kälte nur sehr zögerlich und mit sichtlichem Unbehagen im Wasser plantschten.

Ich musste immer wieder springen, aber keiner der Umstehenden nahm groß Notiz davon. Ich hatte dieses Desinteresse langsam satt. Ich nahm noch einmal meinen ganzen Mut zusammen, darin hatte ich ja mittlerweile schon Übung, und ließ mich einfach ins Wasser fallen.

Nun hatte ich inzwischen festgestellt, dass der See an dieser Stelle nicht sehr tief war. Ich versteckte mich also blitzschnell unter dem Steg und verhielt mich ganz ruhig. Eine ganze Weile passierte überhaupt nichts. Ich wurde offensichtlich nicht einmal vermisst. Erst nach einer ganzen Zeit hörte man Sätze wie: „Wo ist denn der Storch geblieben" oder „Der ist doch nicht etwa abgesoffen" sowie „Der kommt schon wieder von selber hoch." Endlich wurde ich auch an Land vermisst, und von der Regie kam die Anweisung „Sucht mal den Storch, der wird noch gebraucht."

Ich war schon froh, dass man wenigstens nach mir suchte, weil ich noch gebraucht wurde. Sonst hätte vielleicht gar kein Aas nach mir gekräht. Mit diebischer Freude genoss ich es, wie sich nun alle in die saukalten Fluten stürzen mussten, um mich aufzustöbern. Nach einer angemessenen Zeit tauchte ich dann schwer keuchend, aber noch am Leben, wieder auf.

Auch Wolfgang Luderer gehörte zu den Regisseuren, die mich gerne mal ins Wasser jagten. Er besetzte mich in seiner Serie „Zur See" mit dem Schiffskoch. Da die ganze Serie nur auf einem Hochseeschiff oder im Atelier gedreht wurde, sah ich auch keine Gefahr, in irgendeiner Weise ins Wasser zu müssen. Es sei denn Herr Luderer hätte mich in den Atlantik springen lassen. Aber davon ging ich nicht aus. Auch hier sollte ich mich geirrt haben.

In dem Film gab es eine Szene, in der ein freigelassener Bulle Amok über das Schiff lief. Die Besatzung musste dabei über den ganzen Dampfer flüchten, auch der Schiffskoch. Nun gab es auf dem Achterdeck einen Swimmingpool. Um die Komik dieser Szene noch zu erhöhen, sollte der Smutje, wie könnte es anders sein, vor lauter Panik in das Schwimmbecken stürzen. Ich muss dazu erwähnen, dass an diesem Tag ein ziemlicher Seegang herrschte. Ich schaute in das Becken und sah wie das Wasser in einer großen Welle immer von der einen Seite zur anderen schwappte. Mit Erleichterung entdeckte ich aber auch mehrere Haltegriffe auf halber Höhe des Beckenrandes. Als wir begannen, die Einstellung zu drehen, nahm ich wieder mal meinen ganzen Mut zusammen und stürzte laut schreiend in den Pool. Kurz vor dem Sprung sah ich, wie sich das meiste Wasser auf der einen Seite sammelte und ich beschloss in die flache Seite zu springen. Mit großer Anstrengung versuchte ich einen der Haltegriffe zu erreichen.

Leider hatte ich dabei allerdings nicht das physikalische Gesetz der Trägheit beachtet, wie auch? War ich doch in diesem Moment mit viel Wichtigerem beschäftigt. Nämlich, mich einigermaßen über Wasser zu halten. Kurz vor dem rettenden Griff erwischte mich durch die Bewegung des Schiffes die Welle aber wieder von vorn und ich sah das Halterohr nur noch aus weiter Ferne. So ging das mehrere Male. Rettung zum Greifen nah und schwapp, wieder zurück. Ich fühlte mich wie ein Goldfisch, dessen Glas man immer kräftig hin und her schwenkt. Endlich hatte ein Matrose Mitleid mit mir und erlöste mich mit einem beherzten Sprung aus meiner misslichen Lage. Auf die vorwurfsvolle Bemerkung eines Kollegen: „Ich dachte schon, ihr kommt gar nicht mehr raus", antwortete ich, um Luft ringend: „Doch, doch, bloß das Wasser ist so herrlich." Aber wenigstens gelohnt hatte sich mein Todessprung. Er wurde nicht rausgeschnitten und ist heute noch im Film zu bewundern.

Damit hat der Regisseur mir wenigstens ein kleines Denkmal für wahren Heldenmut gesetzt.

Besetzungsgespräch mit Mercedesstern

In diese Zeit fällt auch ein Ereignis, das meine Karriere wesentlich prägen sollte. Eines Tages hatte ich wieder ein Telegramm im Briefkasten. Erbitten Anruf zwecks Besetzung. In dem folgenden Gespräch erfuhr ich, man plane eine Serie über die Handelsflotte und ich bin für eine Besetzung vorgesehen. Ich müsse aber Geduld haben. Noch wäre nichts sicher.

Ich ahnte damals nicht, was für ein Glückstreffer das für mich werden sollte. Aber, wie angekündigt, es passierte lange Zeit nichts. Langsam verblassten die Gedanken an dieses Angebot immer mehr. Bis nach über einem Jahr wieder ein Telegramm im Briefkasten steckte. Es handelte sich um eine Einladung zu einem Besetzungsgespräch für die Serie „Zur See". Ich erinnerte mich, das war der Film, an den ich schon kaum noch geglaubt hatte. Da ich Besetzungsgespräche bis dahin kaum kannte, bereitete ich mich auf das Treffen mit dem Regisseur Wolfgang Luderer etwas genauer vor.

Mit einer Aufstellung über meine bisherigen Arbeiten im Fernsehen stieg ich in den Zug und fuhr nach Babelsberg. In der mir angegebenen Baracke sagte man mir, ich solle draußen auf der Straße warten. Der Regisseur käme schon. Auf meinen Einwand, ich kenne ihn aber gar nicht, erwiderte man, ich würde ihn schon an seinem Mercedes erkennen, er drehe nämlich gegenüber. Und tatsächlich.

Auf der anderen Seite der Straße erkannte man auf einem Villengrundstück ein Filmteam. Während ich so wartete, erschien plötzlich ein mir bekannter Kollege und fragte: „Wartest du auf Luderer? Willst wohl auch nach Kuba", und verschwand. Da ich überhaupt nichts Näheres über diesen Film wusste, konnte ich mir auch keinen Reim darauf machen.

Endlich rauschte ein dicker Mercedes heran. Ihm entstieg ein Herr in Lederjacke, ebensolcher Mütze und einem dicken Drehbuch unterm Arm. Es konnte nur der Regisseur sein. Er kam auf mich zu und fragte: „Sind Sie Herr Storch?" Ich nickte. „Haben Sie für die nächsten zwei Jahre Zeit?" Ich nickte wieder. „Gut, dann sind Sie besetzt mit der Rolle des Schiffskochs."

Er wies mich in eine Baracke, um den Vertrag zu unterschreiben. Drehte den Mercedesstern aus dem Kühler, murmelte: „Wir sehen uns dann später" und verschwand. Das also war das ganze Besetzungsgespräch für meine wohl erfolgreichste Fernsehserie in meiner Karriere. Und das war Wolfgang Luderer. Ein toller Regisseur, wie ich später im Laufe unserer Arbeit immer wieder feststellen konnte. Sein Motto war ganz offensichtlich. Man muss nicht immer viele Worte machen, um etwas Großes zu erreichen. Was jedenfalls seine Besetzungsgespräche betraf, hatte er ganz sicher Recht.

Es begann dann eigentlich alles wie immer. Mit einem Telegramm im Hausbriefkasten. Darin lud der Produktionsleiter alle Mitwirkenden zur ersten Zusammenkunft nach Babelsberg ein. Ich kann nicht verleugnen, dass ich beim Lesen ein etwas komisches

Gefühl in der Magengegend hatte. Auf der einen Seite freute ich mich. War diese Serie doch eine große Chance. Auf der anderen Seite fragte ich mich immer wieder, ob ich mich inmitten dieser Stars so ohne weiteres behaupten könne. Und vor allem, war ich überhaupt schon so weit. Schließlich ließ ich alle Zweifel fahren und beschloss mich auf meine Fähigkeiten zu verlassen. Es würde schon schief gehen. Eines Morgens saß ich also im Sputnik und fuhr Richtung DEFA.

Das Erste, was ich im Zug sah, war mein Kollege Jörg. Er war aber mit seiner neuen Freundin sehr intensiv beschäftigt und sah mich überhaupt nicht. Auf dem Filmgelände angekommen, ging ich zu der angegebenen Baracke und stand plötzlich unvermittelt vor einer Gruppe mir sehr bekannter Gesichter. Mein Herz schlug spürbar schneller, als ich meine neuen Filmkollegen per Handschlag begrüßte. Das Eis war aber schnell gebrochen, als Naumann fragte: „Du spielst also den Koch" und Drinda bemerkte: „Eigentlich bisschen dürre dafür."

Mitten in diesem Gespräch ertönte plötzlich ein freundliches, aber bestimmtes: „Meine Herrschaften, darf ich bitten?" Der Regisseur erschien auf dem Plan. Wie immer mit Lederjacke und gleicher Mütze, Drehbuch unterm Arm und Mercedesstern in der Hand. Neben vielen organisatorischen Informationen, wie Impftermine, Ausgabe der Seesäcke und dem Beibringen noch fehlender Unterlagen, wurden natürlich auch die Drehbücher ausgegeben.

Ich schlug den ersten Teil auf und mein Interesse galt natürlich sofort der Seite mit meinem Namen und der dahinter stehenden Reihe der Szenen. Mit Befriedigung stellte ich fest, es war eine mehrzeilige. Allerdings machte mich die Rollenerläuterung etwas stutzig. Zu meinem Erstaunen las ich nämlich „Detlev, Koch aus dem Vogtland". Ich überlegte kurz und kombinierte mit Entsetzen, Vogtland bedeutet Dialekt. Nun komme ich ja aus einer relativ dialektfreien Gegend und in keiner meiner bisherigen Rollen wurde so etwas von mir verlangt. Als ich den Regisseur daraufhin ansprach, beruhigte er mich mit seinem gewinnenden Lächeln und sagte: „Ach, das können Sie schon." Damit war das Thema für ihn erledigt und ich hatte ein Problem. Dachte ich jedenfalls.

Ein ganz wichtiger Tagesordnungspunkt war die Ausgabe der Reisepässe. Für die gelernten Reisekader wie Drinda, Naumann usw. ein fast schon normaler Vorgang. Für uns Jungschauspieler etwas völlig Neues. Natürlich auch für mich. Ich hatte auf einmal etwas, wovon viele DDR-Bürger träumten, einen Pass. Der Aufforderung, ihn genau zu prüfen, kamen wir gerne nach. Auf der Innenseite blickte mich mein Passfoto an. Nicht gerade hollywoodverdächtig, aber erkennbar. Auf einer der folgenden Seiten fand ich dann den alles entscheidenden Stempel. Gültig für alle Staaten und die selbstständige politische Einheit West Berlin. Dazu war der Vermerk mehrmalige Ausreise angekreuzt.

Da meine Kenntnisse, was Reisepässe betraf, gleich Null waren, bat ich den erfahrenen Reisekader Naumann um Auskunft. Er erklärte mir: „Mit dem Vermerk kannst du jetzt jeden Tag nach West-Berlin zu Kranzler, Kaffee trinken fahren. Wenn du das nötige Kleingeld hast." Ich gebe zu, dass mich der Gedanke daran gereizt hatte. Ich in meinem guten Anzug und den braunen Wildlederschuhen bei Café Kranzler. Das hätte schon was. Ich verwarf diese Gedanken. Aber immer wenn ich zu Hause meine Schuhe sah, musste ich an Kranzler denken.

Die Veranstaltung plätscherte noch eine Weile vor sich hin und wurde schließlich vom Regisseur mit einem aufmunternden: „So dann wollen wir mal, bis später" beendet. Da mein Freund Jörg und ich den gleichen Weg zum Bahnhof hatten, gingen wir gemeinsam. Genau gegenüber vom Bahnhof Drewitz gab es eine kleine Kneipe, das „Filmeck". Wir gingen rein. Schließlich hatten wir ja was zu feiern. Nach einer kurzen Auswertung der Versammlung kam ich auf mein Problem zu sprechen. Wie lerne ich Vogtländisch sprechen. Er erklärte mir, Vogtland liegt in Sachsen. „Also sprichst du Sächsisch." Er machte es mir vor und ich ihm nach.

Nach ein paar Minuten ging das schon ganz gut. Nun machten wir die Probe aufs Exempel. Ich bestellte wieder zwei Bier. Aber diesmal auf Sächsisch. Der Wirt nickte mir zu. Er hatte mich also verstanden. Als dann die Kellnerin unseren Tisch übernahm und den Wirt fragte, wer die zwei Bier bekäme, antwortete er ganz selbstverständlich: „Die beiden Sachsen dahinten."

Es warfen also große Ereignisse ihre Schatten voraus, wie man so schön sagt. Wobei das wichtigste in jenem Jahr ein ganz privates war: ich wurde Ehemann. Mag der Leser jetzt genauso erstaunt sein wie ich damals. Aber ich hatte mich entschlossen, den Bund fürs Leben einzugehen. Über meine Gründe möchte ich mich nicht weiter auslassen. Nur so viel: es waren wichtige.

Nun musste ich auf Grund meines Jobs und der damit verbundenen, häufigen Abwesenheit nicht allzu intensiv am gesamten Familienleben teilnehmen. Das machte alles etwas erträglicher. Ich hatte das Gefühl, auf der einen Seite etwas erreicht zu haben, um es von Zeit zu Zeit wieder hinter mir zu lassen. Nun soll man aber nicht glauben, die Ehe wäre für mich nur eine andere Art des bisherigen Zusammenlebens. Nein, es war für mich schon eine neue Qualität meiner Beziehung. Ich fühlte mich in meiner Rolle als Ehemann sichtlich wohl.

In dieser Zeit beherrschte aber schon ein ganz anderes Ereignis mein Denken und Fühlen.

Ein Schiff wird kommen...

Die letzten Tage vor der Abreise verliefen sehr unruhig. Öfter kamen Freunde und Bekannte, um sich von mir zu verabschieden. Sogar solche, die man vorher eher selten traf. Man wünschte mir alles Gute und erinnerte mich versteckt daran, wie viel Freude schon ein kleines Souvenir bereiten kann. Ich hatte für all diese Wünsche auch volles Verständnis und versprach jedem mein Bestes zu tun.

Vor allem meiner frisch angetrauten Ehefrau. Die letzten Tage vergingen, der Seesack war gepackt und eines Morgens stand der Bus der Seereederei vor der Haustür. Auf der Straße war gerade die Müllabfuhr zu Werke. Ein Müllmann sah mich an und seufzte: „Mann, jetzt uffs Meer, det wär ooch wat für mich." Ich zuckte bedauernd mit den Schultern, stieg in den Bus und wir fuhren los.

Die Stimmung im Bus war heiter und ausgelassen. Ich fühlte mich eher wie auf einem Betriebsausflug. Von Abschiedsschmerz keine Spur. Auch die Getränkeversorgung war vorbildlich geregelt. Die Fahrt verging wie im Fluge. In Rostock angekommen, quartierten wir uns zunächst im Hotel „Warnow" ein. Abends stieg dann unsere vorerst letzte Fete an Land. Die nächste Nacht sollten wir schon auf der Fichte verbringen. Der Morgen war grau und regnerisch. Als wir uns dem Überseehafen näherten, erkannte man im Nebelschleier verschwommen die riesigen Krananlagen.

Und je näher wir kamen, umso imposanter wurde der Anblick. An den Kais lagen Schiffe aus aller Herren

Länder. Sie erfüllten allerdings so gar nicht mein bis dahin vorhandenes Bild von der Seefahrt. Ich hatte mir die Seefahrt immer etwas anders vorgestellt. Schnittige weiße Schiffe durchpflügen bei strahlendem Sonnenschein die Weltmeere. Was ich sah, waren graue, mit Rost bedeckte Seelenverkäufer. Bei ihrem Anblick fragte man sich nur, was treibt Menschen dazu, auf solch abenteuerlich anmutenden Dampfern über die Weltmeere zu schippern. Abenteuerlust oder der innere Drang das Schicksal immer wieder mal herauszufordern.

Plötzlich rief ein Kollege freudig erregt: „Das da hinten ist vielleicht die Fichte." Er deutete auf eine strahlend weiße Erscheinung. „Das ist nicht unser Schiff", meinte einer. „Es sieht aus wie das, worauf Nana Mouskouri im Hafen von Piräus immer noch wartet." „Da kann sie aber lange warten", entgegnete ein anderer. Letztendlich stellte sich heraus, es war ein Kreuzfahrtschiff und gehörte einem gewissen Herrn Onassis aus Griechenland.

Schließlich fanden wir die Fichte und stellten fest, dass sie sich überhaupt nicht von anderen unterschied. Jedenfalls nicht, was ihr Äußeres betraf. Den Eindruck hatte ich aber nur auf den ersten Blick. Denn je öfter ich mir vorstellte, mit diesem Dampfer die Weltmeere zu durchkreuzen, umso einladender empfand ich das Grau. Auch der Rost erschien mir inzwischen eher wie Patina. Aber vor allem der zweite Name weckte in mir Vertrauen. „Gottlieb". Ein Schiff, das so heißt, musste in seiner Seele gut sein. Und wenn es mal böse wurde, dann nur, weil man es öfter mal Schrottlieb nannte. Ein Schiff hat eben auch seinen Stolz.

Endlich wurde die Gangway freigegeben und wir betraten zum ersten Mal die Fichte, für die nächsten Monate unser zu Hause. An Deck begrüßte uns ein Matrose und wir mussten uns in die Schiffsrolle eintragen. An Land heißt das gewöhnlich Anwesenheitsliste. Mit der Zeit gewöhnten wir uns aber daran, dass bei der Seefahrt fast alles anders hieß und doch das gleiche war wie an Land.

Die Quartierzuweisung bescherte mir und meinem Freund Jörg die Kammer E-207. Da wir natürlich nie alleine dahin gefunden hätten, übernahm ein Lehrling die Führung. Er sah sich unseren Einweisungszettel an und grinste. Wir konnten uns seine Reaktion im Moment allerdings nicht erklären. Das sollte sich aber bald ändern. Er nuschelte im tiefsten Sächsisch: „E-207, ach du lieber Gott. Da macht euch mal auf was gefasst." Wir ahnten noch nicht, was er meinte. Dann ging es los. Durch ein schier endloses Gewirr von Treppen, die hier Niedergänge hießen, und Schotts, zu denen ich bisher immer Türen gesagt hatte, gelangten wir schließlich in unser zukünftiges Appartement. Die Kammer, im wahrsten Sinn des Wortes, befand sich ganz vorn an der Spitze des Schiffes. Sie war alles andere als eine Luxusherberge und eher von einer stillen Einsamkeit geprägt. Hinterlistig lächelnd erklärte uns der Stift, wir befänden uns im sogenannten „Portugiesendeck". Damit bezeichnete man wohl an Bord jene Art von Wohngegend, die den Letzten der Letzten auf einem Schiff vorbehalten war. Und bezeichnenderweise gab es neben uns auch nur noch Lehrlinge in diesem Verlies.

Vor uns befand sich in noch trügerischer Stille der Kettenkasten und unter uns nur noch Wasser. Mit einem freundlichen „Viel Spaß bei uns zu Hause" verabschiedete sich der kleine Sachse und verschwand.

Mein Freund Jörg und ich dagegen ließen uns die Stimmung nicht verderben. Erwartungsvoll betraten wir unser kleines Reich. Beim ersten Anblick erwies sich diese Bezeichnung auch als äußerst zutreffend. Zum ersten Mal begriff ich, warum man bei der Seefahrt die Unterkünfte als Kammern bezeichnete. Und ich fand völlig zu Recht. Unsere erwies sich als ein zwei mal drei Meter kleiner, nach innen gewölbter Raum mit einem schmalen Doppelstockbett und zwei noch schmaleren Schränken. Ein Tischchen und zwei Stühle sorgten für einen gemütlichen Sitzkomfort. Alles in allem eine Ausstattung, die selbst mit spartanisch nur unzureichend beschrieben wäre. Es war gerade so viel Platz, dass, wenn die Sonne rein wollte, einer von uns raus musste.

Da wir uns aber knapp über der Wasserlinie befanden, war mit solch einer Überraschung nicht zu rechnen. Voller Optimismus und mit einem: „Die trinken wir uns einfach schön" richteten wir uns in unserem neuen zu Hause so gut es ging ein. Und wir wollten es kaum glauben. Von Schluck zu Schluck wurde unser Kämmerlein tatsächlich immer gemütlicher. Es ist eben doch alles nur eine Frage der Einstellung. Aber wie überall gibt es eben auch auf einem Schiff gewisse Unterschiede. Das wird zum Beispiel in der Art der Unterbringung ganz deutlich. Nach unserer Einweihungsfeier waren mein Freund Jörg und ich unterwegs zur ersten Schiffsversammlung. Auf unserem Weg kamen wir auch an der Unterkunft unserer schon etwas berühmteren Kollegen vorbei. Voller Überraschung, aber ohne jeglichen Neid natürlich mussten wir feststellen: man kann auch anders reisen. Wir bestaunten den außergewöhnlichen, im Vergleich zu unserer Kammer geradezu luxuriösen Reisekomfort unserer Kollegen.

Sie bewohnten eine geräumige, sonnendurchflutete Kabine mit breiten Betten und einer großzügigen Polstergarnitur. Schränke und kleine Nachttische vervollständigten die recht komfortable Ausstattung. Und als Krönung gewissermaßen vor den großen Fenstern eine breite Sonnenterrasse. Man spürte förmlich noch die vergangene noble Eleganz des einstigen französischen Luxusliners.

Natürlich interessierten sich die Kollegen auch, wie wir so wohnten. „Ach doch, auch ganz schön. Nur ein wenig kleiner", kam es von uns. „Und wo? Wir müssen euch doch schließlich finden, falls der Dampfer mal absäuft." „Wo wir wohnen, findet ihr uns nicht mal, wenn der Dampfer im Trockendock liegt", bemerkten wir abschließend.

Auf uns wartete also die Schiffsversammlung. Hier lernten wir zum ersten Mal Siggi, den Ersten Offizier kennen. Er führte uns in den Alltag eines Schiffsbetriebes ein. Danach klärte uns der Schiffsarzt über verschiedene Verhaltensregeln auf, die man in einem Land in Südamerika unbedingt beachten sollte. Ganz wesentlich war, jeden intimen Kontakt zu weiblichen Einwohnerinnen unbedingt zu vermeiden. Auch wenn die Versuchung noch so groß wäre. Das hätte unter Umständen fatale Folgen. Er wies uns nämlich darauf hin, dass zum Beispiel ein südamerikanischer Tripper mit unseren herkömmlichen Medikamenten nicht zu heilen wäre. Dazu brauchte man ganz spezielle Mittel. Mit besorgter Stimme fragte mein Freund Jörg sofort: „Aber Sie haben doch die richtigen dabei, oder?" Die Antwort auf diese Frage behielt der Doktor, aus welchen Gründen auch immer, für sich.

Nachdem alle Fragen mehr oder weniger geklärt waren, ging es in die Offiziersmesse. Es war nämlich Donnerstag, und der gilt in der Seefahrt als sogenannter Seemannssonntag. An diesem Tag gab es am Nachmittag immer Kaffee und Kuchen. Und als besondere Vergünstigung durfte man in der Messe rauchen. Hier herrschte eine noble Eleganz und jeder hatte für die ganze Reise seinen festen Sitzplatz.

Am nächsten Morgen wurden wir durch ein geschäftiges Treiben an Bord aus dem Schlaf gerissen. Das Ablegemanöver war bereits in vollem Gange. Offiziere, Matrosen und Lehrlinge wuselten über Deck und riefen sich Kommandos zu. Dicke Taue wurden von einem Ende des Schiffes zum anderen geschleppt. Ich stand an der Reling und schaute auf die Pier hinunter. Auch dort waren Hafenarbeiter mit dicken Seilen beschäftigt.

Plötzlich schaute ein junger Mann zu mir nach oben und winkte mir freudig zu. Erst beim zweiten Hinsehen erkannte ich ihn. Es war Roman, ein Freund aus meinen Jugendjahren in Senftenberg. Ich erinnere mich, dass Roman eine kleine Besonderheit hatte. Neben seinem Daumen hatte er noch einen kleinen Zweiten zu bieten. Unter uns hatte er deshalb den Spitznamen Däumelinchen. Er rief mir eine gute Reise zu und verschwand im Hafengewirr. Ein Freund aus Jugendtagen wünscht mir viel Glück. Das kann nur Gutes bedeuten, dachte ich bei mir.

Doch zurück an Bord. Nachdem zwei oder drei Schlepper festgemacht hatten, wurden wir langsam aus dem Hafen gezogen. Vorbei an anderen Schiffen ging es hinaus zur Mole von Warnemünde. Schnell waren wir am Leuchtturm vorbei, und sahen Rostock und die Hafenanlagen langsam im Hintergrund verschwinden. Die Reise begann. Und damit begann auch an Bord der Alltag einzuziehen. Die Mannschaft war mit Rostklopfen und Malern beschäftigt. Auch wir begannen unsere Dreharbeiten.

Natürlich hatten wir immer einige neugierige Zuschauer. Manchmal durfte sogar jemand im Hintergrund mitspielen. Ganz klar war das immer ein besonderer Höhepunkt für die Matrosen. Dieses immer Miteinbeziehen der Mannschaft in unsere Arbeit führte bald zu einem sehr freundschaftlichen Verhältnis.

Eines Morgens heulte plötzlich ohrenbetäubend eine Sirene über die so friedlich dahin plätschernde Ostsee. Mit den Worten: „Mensch komm, wir gehen unter" rannte plötzlich Schubi grinsend an mir vorbei. Ich in meiner Angst natürlich hinterher. Es war aber nur das vorgeschriebene und für die Sicherheit so wichtige Bootsmanöver. Wir mussten uns warme Sachen anziehen, unsere Schwimmweste anlegen und uns alle an einer bestimmten Stelle nahe der Rettungsboote einfinden.

Ich hatte ja bis dahin nicht geahnt, wie viele Leute sich an Bord befanden. Aus allen Löchern und Luken stürzten Menschen und liefen nach einem mir völlig fremden

System zu ihren Stellplätzen. Laut winkend sah ich in dem ganzen Durcheinander auch unsere Truppe und fühlte mich erleichtert. Wir stellten uns in einer Reihe auf und ein Offizier überprüfte unsere Ausrüstung.

Da ich mich beim Anlegen der Schwimmweste während des Laufens mit den verschiedenen Bändern und Haken fast stranguliert hätte, ordnete er erst einmal das heillose Durcheinander. „Mann, so können Sie doch gar nicht schwimmen", ermahnte er mich. „Ich kann sowieso nicht schwimmen", erwiderte ich voller Angst.

Neugierig untersuchte ich meine Rettungsweste. Sie war leuchtend orange. Vorn hatte sie eine Zahl und ein kleines Lämpchen. Die Glühbirne sollte mir wahrscheinlich den Weg durch die dunklen Fluten zum rettenden Strand weisen. Zu meiner größten Überraschung entdeckte ich an der Seite eine kleine Trillerpfeife. „Damit musste die ganze Zeit ordentlich pfeifen, dann kommt Hilfe angeschwommen", riet mir Schubi hintersinnig. „Na klar. Wenn ich Glück habe, sogar Flipper", erwiderte ich bissig.

Bei genauerem Hinsehen stellte ich allerdings fest, dass die Pfeife an einem sehr kurzen Bändchen befestigt war. „Wie soll ich denn damit pfeifen? Da muss ich ja ständig den Kopf unter Wasser halten." Da bemerkte mein Nebenmann: „Das schon. Aber dafür kann dich dann Flipper besser hören." Auf einmal tönte es aus einem Lautsprecher: „Alle Mann in die Rettungsboote!" Ich dachte, jetzt beginnt die wilde Jagd auf die besten Plätze. Aber nein. Die ganze Aktion war völlig durchorganisiert, wie ich mit Erstaunen feststellen musste. Ich fand mich schließlich mit anderen Matrosen in einem Boot wieder, das beängstigend frei schaukelnd in einer Art Halterung direkt über dem Wasser hing. Für die alten Fahrensmänner war das Ganze eher eine Art Spaß und Abwechslung. In mir dagegen machte sich ein gewisses Unwohlsein breit.

Mit dem Kommando „Boote zu Wasser lassen" begann dann aber das eigentliche Trauma. Langsam kam das Wasser immer näher. Beim Herunterlassen stellte ich zum ersten Mal fest, wie hoch die Fichte eigentlich war. Die ganze Absenkung kam mir jedenfalls wie eine Ewigkeit vor. Schließlich setzte der Kahn auf und wurde aus der Halterung gelöst. Im nächsten Moment begannen die Matrosen auch schon, wie wild vom Schiff weg zu rudern. Ich verstand in meiner Angst die Welt nicht mehr. „Wo wollt ihr denn hin?", rief ich verzweifelt. „Direkt nach Kuba? Mit nicht mal was zu rauchen in der Tasche?" „Nein, nur weg vom Schiff", rief es von hinten. „Die Fichte sinkt und der Sog kommt." Ich drehte mich um. Am Horizont schaukelte die alte Fichte friedlich in der Sonne vor sich hin. Von Sog und Sinken weit und breit keine Spur. Nach weiteren endlosen Minuten kam dann der Befehl „Alles zurück zum Schiff". Mir fiel ein Stein vom Herzen. Man hatte augenscheinlich auf mich gehört. Der ganze Spuk hatte endlich ein Ende.

Erschöpft, aber glücklich über unsere Rettung erreichten wir schließlich wieder unseren Dampfer. Die Tage auf der Ostsee waren schön und angenehm. Unsere „Schrottlieb" tuckerte über die Wellen, als habe sie alle Zeit der Welt. Die Tage verbrachten wir mit unseren Dreharbeiten und abends trafen wir uns im Hippodrom, einer gemütlichen Schiffskneipe zum fröhlichen Beisammensein. Der Begriff Hippodrom ist ganz einfach erklärt. Direkt unter dem Lokal drehten sich die beiden mächtigen Schiffswellen. Wenn man am Tisch auf einem Stuhl saß, hüpfte man immer hoch und runter, als säße man auf einem Pferd. Nach einer Weile merkte man es allerdings nicht mehr. Bis es eines Abends plötzlich ausblieb. Es gab keinen Zweifel. Die Maschinen liefen nicht mehr.

Zur Weiterfahrt brauchte man dringend ein neues Maschinenteil. Da es an Bord aber nicht vorhanden war, bestellte man es zur Abholung in den nächsten Hafen. Einen Tag später erhielten wir die freudige Nachricht. Wir legen in Aalborg an. Das hieß für uns Landgang in Dänemark. Das allein ist ja für ein Schiff und seine Besatzung noch nichts Besonderes. Das Spannende daran war, den Westen das erste Mal aus der Nähe zu erleben.

Für die Besatzung war das natürlich nichts Besonderes. Sie schauten so gelassen, als wollten sie sagen: „Was ist denn schon dabei. Das kennen wir doch alles schon." Vielleicht hätte ich auch so geschaut, wenn ich das alles gekannt hätte. Da es aber für mich das erste Mal war, waren meine Erwartungen dementsprechend hoch.

Zusammen mit meinen Kollegen Ingo und Jörg begannen wir den so unerwartet über uns gekommenen Betriebsausflug sofort in allen Einzelheiten zu planen. Landfein gemacht, wir sollten ja immerhin die DDR in den schönsten Farben repräsentieren, standen wir am nächsten Morgen an der Gangway. Als Erstes stand eine kurze Besichtigung Aalborgs auf dem Ausflugsprogramm. In einer der vielen beschaulichen Gassen entdeckten wir zwischen Andenkenläden und Trödelboutiquen ein etwas merkwürdiges Etablissement. Von außen sah es aus wie ein etwas heruntergekommenes Flohkino. Bei näherer

Betrachtung erwies es sich schließlich auch als solches. Und dann fiel es uns wie Schuppen aus den Haaren. Wir waren vor einer der Errungenschaften, die Dänemark neben Käse und Bier in der ganzen Welt bekannt gemacht hat, gelandet, einem Sexkino.

Wir standen zunächst etwas unschlüssig davor und rätselten über den Namen. Der Schuppen hieß nämlich „Mini-Bio". Mini stimmte schon, wenn man sich den schmalen Schuppen von außen betrachtete. Aber warum Bio. Gut, immerhin gab es dort gewissermaßen Naturkost. Schließlich waren wir uns einig, dass ein Besuch zum besseren Verstehen dänischen Kulturgutes beitrug. Wir lösten drei Eintrittskarten und beschlossen, uns zunächst etwas Mut anzutrinken und zogen etwas später erwartungsvoll los. Als wir das Kino betraten, hatte die Vorstellung bereits begonnen. Wir schlichen in den dunklen Saal. Wobei die Bezeichnung Saal in diesem Zusammenhang eher etwas gewagt ist.

Das Geschehen auf der Leinwand war schon in vollem Gange, nach den Reaktionen und Zwischenrufen hinter uns schien das Filmtheater auch recht gut besucht zu sein. Wir staunten nur, dass sich so viele Einwohner schon mittags ein solches Kinovergnügen gönnten. Wobei der Begriff Vergnügen in diesem Zusammenhang eher mit Vorsicht zu genießen ist. Die Luft im Saal war stickig, die Emotionen der Zuschauer laut und aufgeheizt, und der Projektor knatterte wie ein alter Rasenmäher. Das tat aber der Handlung des Films keinen Abbruch.

Genau wie die Zuschauer gaben auch alle Darsteller noch einmal kräftig Gas und trieben die Handlung zu ihrem Höhepunkt. Mit Applaus und johlendem Rufen wurde das ganze Geschehen begleitet. Ein Kinovergnügen der besonderen Art. Jedenfalls für uns. Dann war der Film zu Ende. Die Notbeleuchtung ging an und wir wollten uns gerade aus dem Saal schleichen.

Ein kräftiges Johlen und Rufen hielt uns allerdings auf. Langsam drehten wir uns um und trauten unseren Augen nicht. Hinter uns saß fast die ganze Stammbesatzung der „Fichte". Auch sie hatten diesen Kulturbesuch in ihrem Ausflugsprogramm. Geradezu überwältigt von dem soeben Gesehenen beschlossen wir, den Film in einem kleinen Biergarten emotional zu verarbeiten.

Nun waren ja die Bierpreise in Dänemark nicht gerade die niedrigsten. Aber trotz unserer angespannten Devisenlage haben wir es geschafft, uns die Birne ziemlich vollzudröhnen. Mein Kumpel Jörg schmiss als erster das Handtuch und lallte: „Ich muss zurück in meine Koje" und verschwand. Ingo und ich waren zwar auch nicht mehr die Nüchternsten, aber dafür noch sehr unternehmungslustig. Wir wollten noch etwas erleben, koste es, was wolle. Und wir wussten auch schon was.

Ganz in der Nähe hatten wir nämlich einen Vergnügungspark entdeckt. Ein klassisches dänisches „Tivoli". Da der Besuch solcher Kulturstätten zu unserem Ausflugsprogramm gehörte, beschlossen wir, selbiges umgehend abzuarbeiten. Mit leicht schwankendem Gang, aber fest entschlossen, machten wir uns zielgerichtet auf die Suche. An der Kasse mussten wir allerdings eine herbe Enttäuschung hinnehmen. Man verweigerte uns den Zutritt. Angetrunkene kämen nicht hinein. Das wäre dänisches Gesetz. Und das ausgerechnet uns.

Wir argumentierten, wir wären ja keine Dänen, sondern DDR-Bürger. Deshalb könne man diese Gesetze nicht auf uns anwenden. Wir verwiesen auf die soeben abgeschlossenen KSZE-Verträge, in denen kein Wort darüber stand, angetrunkene DDR-Bürger hätten keinen Zutritt in ein dänisches „Tivoli". Selbst das Argument der Mitgliedschaft in der UNO half nichts. Es führte kein legaler Weg rein. Aber wir gaben nicht auf.

Plötzlich entdeckten wir an dem hohen Zaun ein Fahrrad, von dem sich ein junger, auch nicht mehr ganz nüchterner Mann in den Park schwang. Wir zögerten nicht lange und schon waren wir am Ziel unserer Wünsche. Wir begossen unseren Erfolg und rätselten über Sinn und Nutzen der Aufnahme der DDR in die UNO, wenn man dadurch nicht mal leicht besoffen in ein Tivoli käme. Dabei wurde es immer später. Plötzlich erinnerten wir uns so unter dem Motto „Da war doch noch was" an die Fichte. Die sollte nämlich am gleichen Nachmittag auslaufen.

Da es schon weit über der Zeit war, kamen wir mit sehr gemischten Gefühlen im Hafen an. Schon von weitem sahen wir viele Leute an der Reling stehen und Ausschau halten. Die Matrosen aus dem „Mini-Bio" lachten und die Offiziellen hatten eisige Gesichter. Aber man ließ uns an Bord. Denn auch auf der Fichte galt der sozialistische Grundsatz „Jeden mitnehmen, keinen zurücklassen".

Langsam verließen wir die Ostsee. Das Wetter wurde von Tag zu Tag schlechter. Eines Abends war es dann auch so weit. Matrosen in Gummikleidung rannten durchs Schiff und befahlen sofort die Bullaugen zu schließen. Ein Sturm näherte sich mit großer Geschwindigkeit. Wir saßen in unserem Kämmerchen und harrten der Dinge, die da kamen. Und sie kamen. Unsere ganze Kammer hob und senkte sich plötzlich wie ein Fahrstuhl. Hinter unserem kleinen Fensterchen sah man nur noch Wasser. Ich stellte besorgniserregend fest, dass wir im Moment als U-Boot fuhren. Zu dem psychischen Problem kam noch ein rein körperliches. Es betraf vornehmlich die Magengegend. Mein Kammerkumpel Jörg war solchen Angriffen gegenüber immun. Ich allerdings hatte schwer unter diesen äußerst unangenehmen Attacken zu leiden. Zwar kümmerte er sich rührend um mich, fand das Ganze aber auch äußerst komisch. Wer den Schaden hat, braucht für den Spott nicht zu sorgen. Selbst bewährte Mittel wie Weinbrand und trockenes Brot halfen nichts. Ich war seekrank.

Auch der nächste Morgen gestaltete sich, was meinen Zustand betraf, weiter sehr bedrohlich. Schließlich kam Freund Jörg mit einem liebevoll zurechtgemachten Brötchen und etwas Tee in bester Verfassung vom Frühstück zurück. Er teilte mir mit, dass meine Seekrankheit sehr viel Mitgefühl bei meinen Kollegen ausgelöst hätte. Das ließ mich schon leicht misstrauisch werden. Da Arbeit und frische Luft aber das beste Mittel dagegen wäre, habe der Regisseur beschlossen, den Drehplan zu ändern. Er wolle die Flucht des Kochs aus der Kombüse drehen. Seine Anweisung war eindeutig: „Bringt den Storch sofort nach oben und zieht ihn an. Schminkt ihn aber nicht. Der sieht im Moment hervorragend aus."

Die Dreharbeiten gestalteten sich nicht einfach. Oft musste ich auf meinem vorgeschriebenen Weg zur

Kamera einen Abstecher an die Reling machen. Ich erinnerte mich an den alten Seemannsspruch: „Spuckst du nach Lee, geht's in die See, spuckst du nach Luv, kommt's wieder ruff." Aber dem Regisseur schien das zu gefallen. Ich höre ihn heute noch rufen: „Das drehen wir noch einmal, so echt kriegen wir das nie wieder." Voller Freude stellte ich nach einer Zeit fest, dass sich mein Zustand langsam besserte. Auch dem Regisseur fiel das auf. Er beendete den Drehtag schließlich mit den Worten: „Wir hören auf. Der sieht mir langsam zu gesund aus." Was man von einem ganz anderen Darsteller zu dieser Zeit nicht gerade behaupten konnte.

Es gab eine Geschichte, die auf allen Schiffen der Seereederei immer wieder die Runde machte. Und die war wirklich kein Seemannsgarn. Man hatte auf einem Frachter mal einfach so vergessen, einen Bullen auszuladen und entdeckte den blinden Passagier erst auf hoher See wieder. Um diese Episode des vergessenen Ochsen zu drehen, hatte das Fernsehen weder Kosten noch Mühen gescheut und zwei hochbegabte Vierbeiner engagiert. Sie logierten in einem luxuriösen Gatter auf dem Achterdeck und hießen Max und Moritz.

Wie jeder andere gute Schauspieler hatten auch sie ausgeprägte Charaktereigenschaften. Max war eine sensible, eher in sich gekehrte Frohnatur. Gut aussehend, mit einer weißen Blesse auf der Stirn, welche an einen Operettensänger erinnerte. Da das Fernsehen beim Besetzen wichtiger Rollen nichts dem Zufall überließ, hatte man ihm noch einen Kollegen zur Seite gestellt. Moritz war das ganze Gegenteil. Eher ungestüm und beinahe etwas karrieregeil. Eben eine richtige Rampensau.

Ich sollte hier mal diese Bezeichnung etwas genauer erklären. Unter Rampensau versteht man einen Schauspieler, der ohne Rücksicht auf das Stück, Kollegen oder Dekorationen nur ein Ziel hat: an die Rampe stürmen und sich dort stundenlang zu produzieren.

Wie das bei Zweitbesetzungen so üblich ist, wartete Moritz ungeduldig auf seine Chance. Und die ließ nicht lange auf sich warten. Max hatte mehrere Drehtage auf der spiegelglatten Ostsee mit Bravour gemeistert und seinen nächsten Auftritt erst wieder im Ärmelkanal. Nun ist dieser bekanntlich ein sehr turbulentes Gewässer, mit hohen Wellen und meist schlechtem Wetter.

Eines Morgens kam dann auch das, was kommen musste. Nicht nur mich hatte die Seekrankheit erwischt. Als ich aufs Achterdeck wankte, sah ich die ganze Tragödie. Max, von Seekrankheit schwer gezeichnet, lag apathisch in seinem Gatter. Moritz dagegen befand sich in bester Verfassung. Er witterte förmlich seine Chance. Er musste für Moritz einspringen. Es gab nur ein Problem. Er hatte keine weiße Blesse auf der Stirn. Aber wozu gab es denn Maskenbildner. Mit einem an einen Besenstiel befestigten Scheuerlappen begannen sie Moritz zu schminken. Mit viel Geduld und Schminkkunst brachte man das Kunstwerk schließlich zu einem guten Ende. Moritz konnte es nicht mehr erwarten. Vielleicht wollte er dem Regisseur unbedingt zeigen, was alles ihm steckte. Er ließ kurzerhand Gatter Gatter sein, überwand alle Hindernisse und stürmte los. Mit lautem Gebrüll tobte er über das ganze Schiff.

Allerdings hatte er dabei nicht mit unserem Ersten Offizier gerechnet. Mit dem Schlachtruf: „Genossen,

Bulle frei" übernahm er sofort das Kommando für die Aktion Bullenfang. Sofort nahm er furchtlos die Verfolgung auf. Mit dem kategorischen Befehl: „Die Schläuche bleiben trocken" untersagte er dem Brandschutzoffizier, den die Besatzung sinnigerweise „Minimax" nannte, mit Wasserkraft in das dramatische Geschehen einzugreifen. Er suchte den Kampf Mensch gegen Bestie. Mit dem anfeuernden Ruf „Auf ihn mit Gebrüll", man muss sich das alles im tiefsten norddeutschen Dialekt vorstellen, begann die Jagd zwischen Offizier und Bulle.

Als ehemaliger französischer Luxusliner verfügte die Fichte über ein großzügiges Promenadendeck. Man konnte als Zuschauer also rund um das Schiff das ganze Geschehen herrlich beobachten. In kürzester Zeit waren auch alle Plätze restlos besetzt. Mit lautstarkem Rufen und frenetischem Beifall feuerte das Publikum die beiden Gladiatoren immer wieder an. Ob auch Wetten abgeschlossen wurden, kann ich leider nicht sagen. Nach einer längeren Verfolgungsjagd trat plötzlich und unerwartet gespenstische Ruhe ein. Dann hörte man den erlösenden Schlachtruf: „Bulle gesichert, Sieg auf der ganzen Linie."

Kurz darauf ritt unser tapferer Erster Offizier auf dem besiegten Bullen über das Promenadendeck. Als Offizier und Bullenbändiger bewies er einmal mehr: auch bei einer sozialistischen Handelsflotte hat das alte Seemannswort nach wie vor Gültigkeit: „Eine Hand fürs Schiff, eine Hand für den Bullen". Und auch die Besatzung war um eine Erkenntnis reicher. Bullenreiten kann man überall. Nicht nur in Texas. Nein, auch im Ärmelkanal.

Wir drehten fleißig weiter. Nur war das Wetter alles andere als einladend dazu. Aber da wir ja fast alle mittlerweile relativ seefest waren, machte uns der tägliche Aufenthalt draußen an Deck überhaupt nichts aus. Wir trösteten uns immer mit der Aussicht, in der Karibik wird ja alles viel schöner. Allerdings war der Weg dahin noch ziemlich lang. Wir hatten den englischen Kanal längst verlassen und befanden uns schon eine ganze Weile mitten im Atlantik. Das Wetter war immer noch grau und diesig.

Kapitän und Erster Offizier liefen jetzt öfter mit bedeutungsvoller Miene übers Schiff und schauten immer wieder in die Ferne. „Was suchen die denn den ganzen Tag?", fragte ich Schubi daraufhin. „Hier soll bald Atlantis auftauchen. In dieser Gegend ist alles möglich", entgegnete er hintergründig.

Ich ertappte mich immer öfter, wie auch ich erwartungsvoll in die wolkenverhangene Weite stierte, ohne etwas zu entdecken. Plötzlich ertönten die Sirenen und alles, was Beine hatte, lief mit dem Ruf „Man kann es sehen" zum Bug des Schiffes. „Was denn, etwa Atlantis?", fragte ich ungläubig. Und dann wurden wir alle Zeugen eines Naturschauspiels, wie ich es bis dahin noch nie erlebt hatte. Der graue Dunstschleier öffnete sich wie ein Vorhang und dahinter erblickten wir ein Paradies auf Erden. Wir hatten die Azoren erreicht.

Die ganze Erscheinung wirkte völlig absurd. Eben noch grauer Atlantik und auf einmal strahlender Sonnenschein. Man sah bergige grüne Inseln mit kleinen weißen Häuschen, eng an sanfte Hänge und Täler geschmiegt. In den Buchten schaukelten kleine Fischerboote neben strahlend weißen Jachten. Und das alles war keine Fata Morgana, sondern pure Wirklichkeit. Langsam tuckerten wir an diesem Paradies vorüber.

Was muss wohl in den vielen Seeleuten vorgegangen sein, die seit Jahrhunderten die Weltmeere umsegelten. Es muss auf sie wie ein Wunder gewirkt haben, plötzlich diese scheinbar unwirkliche Welt zu erblicken. Ich musste feststellen, dass Schubi mit seiner Vermutung gar nicht so falsch lag. Das könnte die geheimnisvolle Insel Atlantis gewesen sein. Man hatte sie irgendwann nur in Azoren umgetauft. Vielleicht sogar nach einem Aufstand des Volkes. Schließlich wäre das im Nachhinein gar nicht so abwegig.

Auch in der DDR gab es 1989 einen Volksaufstand. Und was haben wir nicht alles danach umgetauft. Straßen, Dörfer, ja ganze Städte hießen über Nacht plötzlich ganz anders. Warum also nicht auch Atlantis. Die Geschichte wiederholt sich doch immer wieder. Nach einigen Stunden hatten wir das letzte Land bis zu den ersten karibischen Inseln passiert. So plötzlich wie er aufging, schloss sich der Vorhang auch wieder. Das Wetter war immer noch miserabel.

Ich hatte mich von meinem schweren Leiden erholt. Ich war sozusagen seefest geworden. Auch unsere beiden Bullen fühlten sich in ihrem Gehege auf dem Achterdeck wieder wohl. Sie verdrückten Unmengen von Gemüse, Heu und manche Leckerei. Für sie war die Welt noch in Ordnung. Das war ja auch kein Wunder. Sie ahnten ja noch nichts von ihrem Schicksal. Am Ende der Überfahrt wartete nämlich auf sie eine böse Überraschung, der Grill. Es war eine grausige Vorstellung.

Das Wetter wurde besser, die Luft wärmer und die Hosen der Matrosen und Offiziere kürzer. Es gab keinen Zweifel. Die Karibik rückte näher.

Max und Moritz oder
Wie ein Grill ihr Schicksal wurde

Eines Tages war es soweit. Der Schicksalstag unserer beiden tierischen Hauptdarsteller war gekommen. Sie hatten ihre Rollen gespielt, alle Texte laut und deutlich gebrüllt und uns in den Drehpausen so manches Mal tierisch unterhalten. Alle Messen waren gelesen.

Aber das Schicksal schlägt eben manchmal unbarmherzig zu. Diesmal in Gestalt der kubanischen Gesundheitsbehörde. Max und Moritz durften nicht einreisen. So kam es, wie es kommen musste. Auf einmal war das Gehege leer. Wie sich die letzten Stunden unserer beiden vierbeinigen Kollegen im Einzelnen gestalteten, kann ich natürlich nicht sagen. Aber ich bin fest davon überzeugt, dass unsere beiden Fleischer an Bord ihnen den Abschied so leicht wie möglich gemacht hatten. Das Wissen darum ließ uns die bevorstehende Grillparty in etwas angenehmeren Licht erscheinen.

Es war ein schöner Sommerabend und auf dem Achterdeck war ein großer Grill aufgebaut. Es brutzelte und roch herrlich. Selbst auf ihrem letzten Weg gaben unsere beiden Kumpels noch mal ihr Letztes. Und das im wahrsten Sinne des Wortes. Bunte Lichter und Girlanden verhalfen der ganzen Party zu einem gewissen karibischen Flair. Schließlich wollten wir unseren beiden Jungs den Abschied so angenehm wie möglich machen. Und uns natürlich auch.

Immer wieder wurden Trinksprüche auf die beiden ausgebracht. Die saftigen Steaks machten das Ganze komplett. Alles was irgendwie frei machen konnte, war natürlich dabei. Und ganz sicher sahen uns auch Max und Moritz von Wolke sieben zufrieden zu.

Die Luft wurde immer wärmer und feuchter. Ein Zeichen, dass wir uns mehr und mehr der Karibik näherten. An einem schönen Abend sahen wir in der Ferne Lichter übers Wasser flimmern. Wir hatten die Bermudas erreicht. Leider gab es hier keinen Landgang. Wir nahmen nur Wasser und Frischgemüse an Bord und fuhren weiter. Mitten hinein ins Bermuda-Dreieck.

Nun hatten ja alle schon mal etwas über dieses mysteriöse Seegebiet gehört oder gelesen. Schiffe sollen in riesigen Strudeln untergegangen und Flugzeuge vom Himmel gefallen sein. Merkwürdige Erscheinungen wollte man beobachtet haben. Auch unter uns machte sich immer mehr eine gewisse Nervosität breit. Matrosen und Lehrlinge starrten aus unerfindlichen Gründen stundenlang über das Meer. Auch ich ließ mich von dieser Unruhe anstecken. Vorsichtshalber legte ich mir warme Kleidung und meine Schwimmweste griffbereit zurecht. Man konnte ja nie wissen.

Mein Kammerkumpel Jörg stellte das alles mit Erstaunen fest. Auf seine Frage, weshalb, antwortete ich nicht ohne eine gewisse Ehrfurcht: „Mann, wir sind mitten im Bermuda-Dreieck." Das leuchtete ihm ein. Meine Befürchtungen wurden aber nicht erfüllt. Waren die Geschichten über das Dreieck nur Legenden? Oder wollte es uns, hinterlistig wie es war, nur in Sicherheit wiegen. Die Zeit verging ohne Zwischenfälle. Langsam hatte ich den Eindruck, auch das Bermuda-Dreieck ist nicht mehr das, was es mal war.

Am späten Nachmittag ging ich noch einmal an Deck, um mich von der Harmlosigkeit dieser Legende zu überzeugen. Ich schaute in alle Richtungen über das bewegte Meer, aber außer Wasser war nichts Ungewöhnliches zu entdecken. Nicht mal der kleinste Strudel. Ich wollte mich schon wieder unter Deck begeben, als ich in nicht allzu weiter Entfernung den Kapitän und seinen Ersten Offizier bemerkte.

Der Wind stand günstig und ich konnte ihr Gespräch so einigermaßen verstehen. Beide suchten mit großen Feldstechern scheinbar sehr interessiert immer wieder die ganze See ab. Man hatte den Eindruck, sie suchten irgendwas. Nach einer Weile sagte der Kapitän: „Also Siggi, das sieht hier heute aber wieder ein bisschen komisch aus. Kommt mir so neu vor. Das war doch letztes Jahr nicht so." Verzweifelt stierte ich aufs Meer, konnte aber außer grauen Wellen weit und breit nichts Verdächtiges erblicken. Der Erste schaute ihn verständnisvoll an und klopfte ihm auf die Schulter. Dann bemerkte nur: "Weißt du Hein, ich war im letzten Landurlaub bei Schwiegereltern in Daberkow. Du, da hat sich auch so viel verändert. Also ich hab die ganze Gegend auch nicht wiedererkannt." Der Käpt'n nickte und beendete das Gespräch mit den Worten: "Weißt du Siggi, so ist das eben mit dem Meer. Man schaut immer wieder rüber und sieht ständig was Neues. Dabei müsste man doch alles schon kennen." Dann verließen die beiden in Gedanken vertieft das Deck.

Ich schaute mich nach diesem tiefschürfenden Gespräch noch einmal um und verschwand. Natürlich teilte ich Jörg meine Verwunderung über das eben Erlebte mit. Da starren alte Seeleute über das Meer und wundern sich, dass sie nicht sehen, wo sie sind. Lakonisch bekam ich von ihm zur Antwort: „Das müssen die auch gar nicht sehen. Die meisten Kapitäne fahren sowieso nach Gehör."

Auf jeden Fall muss das Gehör der Schiffsführung noch ganz gut intakt gewesen sein. Sicher brachten sie uns an die amerikanische Küste. Fast zum Greifen nah sahen wir eines Morgens die Inseln von Key West liegen. Ein weiterer, unvergesslicher Eindruck. Jetzt war Kuba nicht mehr weit. Eines Morgens stürmte mein Freund Jörg in die Kammer. Ich lag noch in der Koje und er rief: „Steh auf, wir sind in Havanna."

Kurze Zeit später standen wir alle an Deck und ließen den Einlauf in den Hafen an uns vorüberziehen. Vorbei an der malerischen Zitadelle, sah man im Morgennebel die Silhouette der Hauptstadt. Die alte Fichte hatte uns sicher über den Atlantik geschippert. Der ganze Tag war mit organisatorischem Kram ausgefüllt. Es kam der Zoll, Unterlagen für den späteren Landgang mussten ausgefüllt werden, die Pässe wurden kontrolliert und solche Dinge. Aber das wichtigste war ein Hafenliegeplatz.

Da alles voll belegt war, erwies sich das zunächst als etwas schwierig. Aber das waren genau die Probleme, die nur einer lösen konnte. Siggi, unser Erster. Wer mitten auf dem Atlantik Bullen zähmt, furchtlos und ohne was zu sehen das Bermuda-Dreieck durchquert, wird doch wohl in Havanna noch einen lächerlichen Schiffsliegeplatz auftreiben können. Und er enttäuschte uns nicht. Schon bald kam die Nachricht: „Morgen früh geht's in den Hafen." Gerade Klassenbrüdern gegenüber muss man eine feste Haltung zeigen. So seine Devise.

Apropos Devisen. Wie Siggi das so schnell geschafft hatte, wusste keiner. Einige wollten ihn allerdings auf dem Achterdeck bei Verhandlungen mit mehreren kubanischen Genossen gesehen haben. Dabei sollen auch ein paar buntbedruckte Kartons die Besitzer gewechselt haben. „Alles Unsinn", meinte er nur hintersinnig lächelnd. Das wäre wahre und gelebte Freundschaft. Zum Beweis dafür machte am Nachmittag zu unser aller Überraschung eine Militärbarkasse fest, um besonders Ungeduldige für eine erste Stippvisite an Land zu bringen.

Ich verzichtete angesichts des Bootes und des zu erwartenden Wetterumschwungs auf dieses Angebot. Ich zog es vor, am nächsten Morgen über eine sichere Gangway das erste Mal wieder festen Boden zu betreten. Mittlerweile war es Abend geworden und man sah die Lichter von Havanna. Wir befanden uns alle auf dem Achterdeck bei einer kleinen Ankunftsfete. Plötzlich öffnete sich der Himmel und der erste Tropenregen meines Lebens setzte ein. Für die Stadt und ihre Bewohner etwas völlig Normales. Pünktlich gegen Abend treffen sich Wind vom Meer und vom Land genau über Havanna. Das Ganze dauerte aber nicht lange. Plötzlich war der ganze Spuk auch wieder vorbei. Die Luft war danach angenehm frisch und kühl, aber nicht lange.

Am nächsten Tag bei strahlendem Sonnenschein wartete auf uns der erste Landgang. Die Betreuung während unseres Aufenthaltes hatte das kubanische Fernsehen übernommen. Unsere Begleiterin Berta erwartete uns schon laut rufend und winkend neben einem kleinen Bus unten an der Gangway. Es war noch Vormittag, aber schon drückend schwül. Was uns die typischen

Hafengerüche nur noch intensiver in die Nase steigen ließ. Es war ein Gemisch aus Zucker, stinkendem Brackwasser und Dieselöl. Darüber ein süßlicher Geruch von Tabaksqualm. Kurzum das, was man sich in Mitteleuropa als exotisch vorstellt.

Berta begrüßte uns ganz herzlich. Sie hatte in Leipzig studiert und sprach deshalb ein leicht sächsisches Deutsch mit einem starken spanischen Akzent. Erwartungsvoll stiegen wir in den Bus. Er hatte eine kaputte Klimaanlage, aber dafür keine Fensterscheiben. Während der Fahrt erwies sich das jedenfalls als sehr nützlich. Unsere erste Bekanntschaft mit Havanna begann. Und die war schon sehr beeindruckend.

Von riesigen Plakatwänden rechts und links der staubigen Landstraße begrüßten uns Fidel und Che. In der Stadt selbst herrschte ein typisch südamerikanisches Gewimmel. Angesichts der vielen Straßenkreuzer fühlte man sich in alte amerikanische Südstaatenfilme der sechziger Jahre zurückversetzt. Besonders amüsiert waren vor allem die Kinder über meine lange blonde Lockenpracht. „Oh, Senorita", grinsten sie mich an und machten dabei sehr merkwürdige Handbewegungen.

Die Ereignisse stürmten nur so auf uns ein. Ich musste mir viel Zeit und Muße nehmen, um die Stadt und ihre Menschen auch nur halbwegs zu entdecken. So beschloss ich, an einem freien Tag allein einen beschaulichen Erkundungstrip durch Havanna zu unternehmen. Ich nahm die vielen gut gemeinten Ratschläge meiner Kollegen dankend entgegen und zog los.

An der Hafenwache musste man alles, was man bei sich trug, wie Uhr, Feuerzeug, Kugelschreiber usw. vorweisen. Das wurde dann in ein spezielles Dokument eingetragen und bei der Rückkehr musste man alles wieder vorweisen. Eine Vorsichtsmaßnahme gegen illegalen Handel, wie es hieß.

An einer Haltestelle sah ich einen Bus kommen, der mich in die Stadt bringen sollte. Allerdings sah ich aus einiger Entfernung blauen Qualm aus den scheibenlosen Fenstern ziehen. Ich dachte, ein Feuer wäre ausgebrochen. Es war aber nur der Zigarrendampf der Zuckerrohrarbeiter, die fröhlich singend das klapprige Gefährt bevölkerten. Es dauerte auch nicht lange und einer von ihnen reichte mir eine Flasche mit Schnaps. Ich hielt es jedenfalls dafür. „Viva Fidel", prostete man mir zu. Ich nahm einen kräftigen Schluck aus der Pulle und alles lachte laut, als ich danach erst einmal schockiert die Augen verdrehte. Was die Qualität ihrer Getränke betraf, war dieses Land für mich noch sehr gewöhnungsbedürftig. Aber da hoffte ich auf die Zeit.

Schließlich kam ich schon leicht angetüdelt, aber in bester Stimmung, mitten im Zentrum der Altstadt an. Ich genoss die vielen Sehenswürdigkeiten dieser herrlich fremden Stadt. Auf meiner Besichtigungstour sprach mich nach kurzer Zeit ein junger Mann an. Er stellte sich als Luis vor und bot an, mir seine Stadt zu zeigen. Nun wurden wir ja mehrmals vor zu großer Hilfsbereitschaft der Bevölkerung gewarnt. Und mein gesundes Misstrauen war sofort geweckt. Aber es stellte sich heraus, er war nur ein kleiner, liebenswürdiger Straßenhändler, der wie so viele in dieser Stadt mehr schlecht als recht versuchte, zu überleben.

Allerdings entgingen mir aber auch seine begehrlichen Blicke auf meine chromblitzende Armbanduhr nicht, die ich am Handgelenk trug. Mit Händen und Füßen und in allen Sprachen, die ihm einfielen, redete er auf mich ein. Ich würde ihm eine große Freude machen, ihm die Uhr zu verkaufen. Aber ich blieb hart. Außerdem brauchte ich sie. Während der Dreharbeiten hatte ich sie schon getragen. Schweren Herzens sah er es ein.

Sofort konzentrierte sich sein Augenmerk auf meine hellblaue Cordjeans, die ich trug. Und schon versuchte er wieder in allen Sprachen, mich zum Verkauf zu überreden. Zum Beweis für seine Seriosität holte er immer wieder ein dickes Bündel Pesoscheine aus der Tasche. Bei diesem Anblick wurde auch mein angeborener Geschäftssinn geweckt. Ich versprach ihm, die Hose zu verkaufen. Die Frage war nur wie. Ich konnte ja schlecht in Unterhosen oder wie später im Film im Zementsack zurück aufs Schiff. So vereinbarten wir, dass ich ihm die Hose am nächsten Tag bringen würde. Es gab da nur ein Problem, die Hafenwache.

Ich konnte ich ja schlecht mit zwei Hosen raus und mit einer wieder rein. So kam ich auf die geniale Idee, beide übereinander zu tragen. Was das allerdings in einem subtropischen Klima bedeutet, kann man sich ja vorstellen. An meinem nächsten freien Tag begann ich, mich auf meinen Deal vorzubereiten. In unserer Kammer sah mich mein Freund Jörg besorgt an. „Wieso ziehst du zwei Hosen an. Ist dir kalt oder bist du krank?" „Ich tue etwas für die Deutsch-Kubanische Freundschaft", antwortete ich. „Solidarität, jetzt erst recht!" Die Aufbesserung meines Taschengeldes verschwieg ich allerdings bewusst. Schallend lachend und mit den

Worten: „Den Storch hat es total erwischt, der zieht zum Landgang zwei Paar Hosen an", stürzte er aus der Kabine. Ich konnte darüber nur lächeln und brach zu meinem ersten Auslandsgeschäft auf.

An der Wache ging alles gut und schon stand ich wieder an der Haltestelle und wartete auf den Bus. In dichtem Tabaknebel eingehüllt, tuckerte er heran. Die Stimmung war wie immer auf dem Höhepunkt. Ich bekam auch sofort wieder ein paar kräftige Begrüßungsschlucke. Mit Todesverachtung würgte ich sie runter. Was tut man nicht alles für die Freundschaft. Aufgrund meiner nicht gerade den Tropen angemessenen Bekleidung standen mir ohnehin schon die Schweißperlen auf der Stirn. Und jeder Schluck dieses hinterlistigen Gebräus brachte meinen Kreislauf weiter auf Hochtouren.

In der Altstadt stieg ich endlich aus und suchte meinen Geschäftspartner. Er ließ auch nicht lange auf sich warten. Aufgeregt kam er auf mich zugestürmt und erkundigte sich nach seiner Hose. Dabei fuchtelte er ständig mit einem dicken Geldbündel vor meinem Gesicht herum. Er zeigte immer wieder mit dem Finger auf meine Hose und schaute mich ungläubig an. Nun muss ich dazu sagen, ich trug als Tarnung über den Jeans eine zeitlose dunkelblaue Hose aus unserer Kostümabteilung, wie sie auch in den Herrenbekleidungsgeschäften in Havanna zu bewundern waren. Sie waren sicher ein Bestandteil der umfangreichen sowjetischen Hilfslieferungen. Um Luis begreiflich zu machen, dass ich die Jeans unter den anderen Hosen trug, konnte ich mich ja nicht mitten auf der Straße entblößen. Erst als ich ein Hosenbein vorsichtig hochkrempelte, atmete er sichtlich erleichtert auf. Damit war das erste Problem zwar gelöst. Es wartete noch ein weiteres, der eigentliche Tausch.

Nun gab es in dieser Stadt eine feste Kleiderordnung für Herren. Sie bestand im Wesentlichen aus Hemd, langer Hose und geschlossenem Schuhwerk. Ein schweres Vergehen war es, eines dieser Stücke in der Öffentlichkeit nur zu öffnen oder gar abzulegen. Deshalb führte mich mein kubanischer Freund zu sich nach Hause, um das Tauschgeschäft abzuwickeln. Dort angekommen, fühlte ich mich in eine Filmkulisse wie in „Mama Roma" versetzt. Ein langer Gang, an der einen Seite Türen zu irgendwelchen Wohnräumen und davor laut schwatzende, ältere Frauen mit bunten Schüsseln aus Plastik im Schoß.

Luis geleitete mich in einen dieser halbdunklen Wohnverschläge. Ich erkannte eine Vitrine mit zwei Kerzen und einem kleinen Marienbild. In einem Bettgestell, unter einer dicken Decke, lag eine alte Frau. An den Wänden schockierten mich jede Menge kleine Geckos. Es waren Haustiere, wegen der vielen Kakerlaken. Ich bemühte mich aufgrund der Örtlichkeiten, das Geschäft so schnell wie möglich abzuwickeln. Ich machte mit Luis einen guten Preis aus und wir begossen unser Geschäft in einer kleinen Bar.

Mit sichtlicher Genugtuung nahm er die bewundernden Blicke seiner Freunde auf, als er seine neue Hose das erste Mal trug. Auch ich freute mich, jemanden glücklich gemacht zu haben. Aber meine Freude sollte noch größer werden, als Luis mich zu einer abschließenden Überraschung einlud. Wir gingen durch die abendliche Altstadt. Von weitem vernahm ich Lärm. Er wurde immer lauter, je näher wir kamen. Und auf einmal traute ich meinen Augen nicht. Wir waren mitten in einem riesigen Baseballstadion. Der Eindruck war überwältigend. Luis lachte und schrie vor Begeisterung. Die Überraschung war ihm gelungen. Noch lange blieb Luis, wenn auch nur brieflich, ein guter Freund.

Während unseres Aufenthaltes in Havanna gab es ein Ereignis, das die ganze Stadt in Atem hielt. Es fanden dort nämlich die ersten Boxweltmeisterschaften statt. Auf den Straßen sah man nur schattenboxende Kinder, die wie wild herumsprangen und ständig „Teofilo" schrien. Zum besseren Verständnis sollte ich vielleicht hinzufügen, dass der Boxer Teofilo Stevenson neben Fidel Castro und Che Guevara zu dieser Zeit der dritte große Nationalheld Kubas war. Natürlich hätten auch wir uns ein paar Kämpfe angesehen, aber die Halle war leider immer ausverkauft. Wir hatten also keine Chance.

Da erinnerte sich mein Kollege Ingo, der früher selbst mal aktiv geboxt hatte, an seine Bekanntschaft zu einigen Boxern unserer Nationalmannschaft. Ingo, immer kreativ, verschaffte sich eines Abends Zugang zum Mannschaftshotel und lud die Boxer samt Trainer zu einem Besuch auf die Fichte ein. Und tatsächlich, wir trauten unseren Augen nicht, da stand die halbe Truppe mit Trainer unten an der Gangway. In kürzester Zeit wurde die Offiziersmesse eingedeckt und es begann eine super Fete.

Zu vorgerückter Stunde begann dann Ingo mit der Aktion Eintrittskarten. Er erklärte dem Trainer, wie gerne wir unseren Jungs zujubeln und sie anfeuern würden, was ja stimmte. Kurzerhand nahm der Trainer seinen

Schützlingen die Namenskärtchen vom Jackett und verteilte sie an uns. Ich hatte übrigens das von Uli Beyer. Seine Aufforderung, morgen aber richtig jubeln zukommen, ging im allgemeinen Freudentaumel unter. Ich kann mich erinnern, es wurde noch eine feuchte und fröhliche Nacht. Zur Ehre der Sportler muss ich allerdings auch hinzufügen, alle, die bei uns waren, hatten ihre Kämpfe schon mehr oder weniger erfolgreich hinter sich gebracht. Nur damit hier wegen der Party kein falsches Licht auf unsere sozialistischen Sportlerpersönlichkeiten fällt.

Wir hatten jetzt also alle unsere Kärtchen und einem Besuch in der Boxarena stand nichts mehr im Wege. Vielleicht noch ein Wort zu den Namensschildern. Sie waren aus Plaste. Darauf ein Foto und mit Namen versehen. Darüber stand in großen Druckbuchstaben und nicht zu übersehen „Participante", also Teilnehmer. Streng genommen waren wir jetzt alle aktive Boxer.

Nun hatten wir aber auch schon ein paar ältere Kollegen unter uns, die nun plötzlich über Nacht zu aktiven Faustkämpfern mutiert waren. Wir konnten also nur hoffen, dass unsere kubanischen Genossen vom Einlassdienst die Fotos nicht so genau kontrollierten. Sie hätten sonst eine wundersame Metamorphose der DDR-Boxnationalmannschaft festgestellt. Unsere Hoffnungen wurden erfüllt und wir saßen schließlich am Ziel unserer Wünsche.

Bei dem, was wir dann erlebten, blieb kein Auge mehr trocken. Wer noch nie in einer südamerikanischen Sportarena war, kann sich auch keinen Begriff davon machen. Unten im Ring fand der Sport statt und auf den

Rängen das übrige Leben. Das Ganze glich eher einem riesigen Familienausflug als einer Sportveranstaltung. Man hatte den Eindruck, die halbe Hauptstadt war mit Kind und Kegel gekommen. Und dann geschah es. Unter Riesenjubel betrat der Gladiator und Volksheld Teofilo Stevenson die Halle. Winkend und lächelnd nahm er den Beifall der Massen entgegen. Doch so schnell wie er gekommen war, sah man ihn auch wieder verschwinden.

Der Grund war ganz einfach. Er musste Platz machen für den eigentlichen Star des Abends. Es dauerte nicht lange, bis sich Unruhe unter den Zuschauern breit machte. Plötzlich wurden die Türen aufgerissen und es betrat der Held des Abends unter Riesenjubel die Arena: Fidel Castro. In einer schlicht olivgrünen Uniform mit imposantem Revolver am Revers und dicker Havanna im Mund steuerte er zielgerichtet seinen Platz direkt neben den Kampfrichtern an. Diese schauten ehrfurchtsvoll an ihm hoch. Er nickte ihnen zu, winkte noch einmal ins Volk und ließ die Spiele beginnen.

Natürlich mischte sich der Imperator nicht in die Entscheidungen des Kampfgerichts ein. Aber seine unmissverständlichen Blicke auf die Altherrenjury und der mächtige Colt an seiner Seite ließen keine Fehlurteile zu Ungunsten seiner revolutionären Faustkämpfer zu. Ich war bei diesem Anblick jedenfalls froh, dass ich als fiktiver DDR-Boxer meine Kämpfe alle schon hinter mich gebracht hatte.

Vielen Lesern wird noch die Szene mit dem Zuckersack in Kubas Hauptstadt in Erinnerung sein. Wir drehten diese Geschichte an einem besonders heißen Tag auf dem Marktplatz mitten in der Stadt. Das kubanische

Fernsehen hatte mit großem Aufwand ein buntes Marktreiben organisiert. Laut, mit karibischem Flair und einem sympathischen Chaos. Unsere dunkelhäutigen Kleindarsteller konnten eine gewisse diebische Freude nicht verbergen. Denn es war ihnen der Spaß direkt anzusehen, einem blond gelockten Mitteleuropäer ständig, zugegebenermaßen recht leichte Zuckersäcke auf den Kopf fallen zu lassen. Um mich zu revanchieren, spielte ich bei einem Wurf mit einem lauten Aufschrei eine drohende Ohnmacht. Sofort sprangen vier kubanische Schauspieler vom Wagen, um sich rührend um mich zu kümmern.

Wie ich später von unserer Dolmetscherin erfuhr, machten sie sich schwere Vorwürfe, die guten brüderlichen Beziehungen zwischen der DDR und Kuba eventuell belastet zu haben. Der Spaß wurde aber schnell aufgeklärt, und das muntere Sackwerfen ging weiter. Schließlich fiel der Koch laut Drehbuch doch noch in Ohnmacht, und musste in einem Hinterhof wieder zum Leben erweckt werden. Das kubanische Fernsehen hatte dafür weder Kosten noch Mühen gescheut und extra eine kleine Folklore-Tanzgruppe angeheuert, die den Koch wieder unter die Lebenden bringen sollte. Und was gibt es dafür besseres als einen kräftigen Schluck Rum.

Leider entpuppte sich dieser Lebenswecker auf Grund der strengen Arbeitsschutzbestimmungen der DEFA als warm und fade schmeckender Apfelsaft der Requisite. Selbst dem begabtesten Schauspieler fällt es schwer, nach solch einem Gesöff ein erstauntes Aufwachen zu spielen. Nach einigen Anläufen setzte der Regisseur die Arbeitsschutzbestimmungen der DEFA kurzerhand außer Kraft und ordnete echten Rum an. Schon nach dem ersten Schluck begann mein schauspielerisches Talent wieder zu erwachen. Ich glaube nach dem vierten Schluck war ich dann auf dem Höhepunkt meiner Darstellung und spielte die Szene zur vollsten Zufriedenheit des Regisseurs. Seine lakonische Bemerkung: „Na bitte, es geht doch, man muss nur wollen" ließ mich nur lächeln. Klar hätte mein Talent auch ausgereicht die Nummer mit Apfelsaft zu spielen.

Bleibt die Erkenntnis, dass es manchmal ganz ratsam ist, sein Talent ganz gezielt nicht einzusetzen, damit der Spaß an der Arbeit nicht zu kurz kommt. Im Übrigen wurde es noch ein sehr schöner Drehtag. Mit viel Musik, Tanz, viel Spaß und jede Menge…, na ja, Sie können es sich bestimmt denken. Für mich war es jedenfalls ein sehr schöner Abschluss meiner Arbeit auf dieser märchenhaften Insel.

Die Zeit des Abschieds rückte immer näher. Auf der einen Seite freute ich mich natürlich, bald wieder zu Hause zu sein. Auf der anderen machte sich aber auch eine gewisse Wehmut breit. Hatte ich doch ein berauschendes Land kennengelernt, mit stolzen und freundlichen Menschen. Ein Volk mit großen Idealen und noch größeren Problemen.

Die Ladung war in den Laderäumen verstaut und die Versorgung der Besatzung war im vollen Gange. Immer wieder hievte man Kisten und Säcke an Bord. Als auch der Treibstoff gebunkert und der Zoll bestochen war, stand einer Abreise nichts mehr im Wege. Eines Morgens hieß es dann auch „Alle Leinen los". Langsam, aber mit unbeugsamen Willen, wieder nach Hause zu kommen, tuckerte unsere alte Fichte aus dem Hafen. Noch einmal ging der Blick zurück auf die Skyline von Havanna, bis alles im Morgennebel verschwand.

Der Hühnerfänger von Babelsberg

Nach einer glücklichen Heimkehr und einem längeren Erholungsurlaub im Kreise der Familie begannen im Studio in Babelsberg wieder die Dreharbeiten. Da wir auf dem Schiff wegen der Enge und der vielen Besatzungsmitglieder unter Deck nicht drehen konnten, hatte man im Atelier auf einer großen Plattform von der Kombüse bis zur Offiziersmesse alles nachgebaut.

Die gesamte Konstruktion lag in der Mitte auf einem beweglichen Lager und hing zudem an vier Flaschenzügen. Mit Muskelkraft betrieben konnte dadurch das Schiff schlingern und schwanken. Natürlich war das für die Schauspieler zunächst etwas gewöhnungsbedürftig. Aber nicht nur für sie.

Eine Szene machte das ganz deutlich. Der Zuschauer wird sich vielleicht noch erinnern. An Bord befand sich auch eine ganze Batterie Hühner. Die mussten sich laut Drehbuch irgendwann selbstständig machen. Nach dem Öffnen der Käfige ließen sie sich das nicht zweimal sagen und flatterten laut gackernd durch die gesamte Dekoration. Der Koch hatte jetzt die schweißtreibende Aufgabe, das gesamte Federvieh wieder einzufangen.

Wer auf einem Hühnerhof schon mal Ähnliches hinter sich gebracht hat, weiß, wovon ich spreche. Schon auf festem Boden für einen ungeübten Hühnerfänger wie mich eine fast unlösbare Aufgabe. Man stelle sich das Ganze aber erst einmal auf schwankenden Schiffsplanken vor. Trotz meiner Erfahrungen aus dem Ärmelkanal, was festen Boden unter den Füßen betraf, streikten meine

Gleichgewichtssinne öfter und ich sah alles aus der Hühnerperspektive. Zum ersten Mal erlebte ich das alte Marx-Wort am eigenen Leibe „Der Standpunkt bestimmt die Perspektive".

Aber gleichzeitig erkannte ich auch den Unterschied zwischen Theorie und Wirklichkeit. Irgendwie gelang es mir immer mal, gerade zu stehen. Die sensiblen Hühner allerdings verstanden die Welt nicht mehr. Wie auch? Seit Tausenden von Jahren waren sie daran gewöhnt, den ganzen Tag auf einem festen und sicheren Boden hin und her zu hüpfen. Stattdessen sank ständig die Erde unter ihnen weg. An Körnchen picken war unter diesen Umständen gar nicht zu denken. Und hinter ihnen zu allem Überdruss der größte Feind eines jeden Huhn, ein Koch. Natürlich begriffen sie ganz genau. Dieser wollte ihnen laut keuchend und zu allem entschlossen an die letzten Daunen. In solch einer Situation muss doch so ein armes Federvieh die Bratröhre förmlich vor sich sehen.

Nach einer längeren Verfolgungsjagd, dazu ständig von der Kamera begleitet, erlahmte langsam der Widerstand und sie fügten sich dem Schicksal. Zumal auch der Koch am Ende seiner Kräfte war. Als sie alle wieder in ihren Käfigen saßen, beruhigte ich sie. Ich versicherte ihnen, dass sie die Bratröhre vorerst nicht zu fürchten hatten. Sie schauten mich völlig überrascht und ungläubig an. Solche Worte aus dem Mund eines Kochs. Sie hatten die Welt wohl ein zweites Mal nicht verstanden.

Es gab auch Teile des Films, die nicht an einem Ort gedreht werden konnten. So hatte ich eine Szene, die in drei verschiedenen Ländern fertiggestellt wurde. Die Geschichte mit dem Zuckersack. Der Koch geht von

Bord der Fichte, um in der Stadt Gewürze einzukaufen. Widrige Umstände in Gestalt eines Zuckersacks verschlagen ihn auf einen Hinterhof. Er ist zunächst bewusstlos. Aber mit viel Rum und Rumba findet er wieder unter die Lebenden. Allerdings zu spät, um an Bord noch exotische Salate herzurichten. Nach geradezu abenteuerlichen Irrungen landet er schließlich, mit einem Zementsack bekleidet, aber ansonsten unbeschadet, wieder auf der Fichte.

All das wurde an Originalschauplätzen gedreht, in Havanna. Seinen Kummer über das ihm widerfahrene Übel ertränkt er in einer ziemlich zweifelhaften Kneipe. Der betrügerische Wirt nimmt ihm ohne Rücksicht auf seinen Gemütszustand alles ab. Was ihm bleibt, ist sein Seefahrtsbuch und ein Zementsack. Die verruchte Spelunke stand im Studio in Babelsberg. Ziellos und dem Weinen nah schlich er durch dunkle Hafengassen. Nur das Rauschen des Meeres und der nächtliche Mond waren seine Begleiter. Aus einer üblen Kneipe dringt noch Licht auf den Gehsteig. Er zögert und geht schließlich rein. Das wiederum geschah direkt am Schwarzen Meer im rumänischen Constanta.

Zu dieser Zeit war er allerdings nicht allein. Ein anderer berühmter Seemann lag hier gerade vor Anker, Kapitän Wolf Larsen, besser bekannt als der Seewolf. Er hatte hier mit seiner „Ghost" festgemacht. Und warum? Auch fürs Fernsehen. Hier drehte man damals gerade den mehrteiligen Fernsehfilm „Der Seewolf". Zu diesem Zweck hatte man direkt am Meer eine imposante Hafendekoration gebaut. Man fühlte sich sofort um hundert Jahre zurückversetzt, wenn man durch diese Filmkulissen schlenderte. Und als Krönung lag an der

Hafenmauer die „Ghost". Im Original nachgebaut und absolut seetüchtig. Ich schaute mir alles genau an. Nur Käpt'n Larsen konnte ich nirgendwo entdecken. Wahrscheinlich saß er in einer Hafenkneipe und zerdrückte gerade rohe Kartoffeln.

Besuch am Bullauge

Eine auf den ersten Blick völlig verrückte, aber dennoch wahre Geschichte ereignete sich während der Dreharbeiten in Rostock. Ich wohnte einige Tage meines Aufenthaltes auf dem Traditionsschiff „Frieden". Es war als Hotel umfunktioniert worden und lag dort fest vor Anker. Eines späten Abends lag ich in meiner Koje und las, als ich plötzlich ein leises Keuchen an der Außenwand vernahm. Nun kannte ich ja die ganzen Geschichten von Klabautermännern und anderen merkwürdigen Erscheinungen auf Schiffen. Für mich war das sowieso alles eher Seemannsgarn. Da ich zur Wasserseite schlief, war es auch fast unmöglich, dass jemand draußen stand und an mein Bullauge klopfte. Mit einem trotzdem etwas mulmigen Gefühl in der Magengegend schlich ich mich zum Fenster und öffnete es vorsichtig. Bei dem was ich erblickte, traf mich fast der Schlag.

Draußen hing an einem dicken Tau ein junger Mann, der mich hilfesuchend ansah. Er schien ziemlich erschöpft. Im schönsten norddeutschen Dialekt keuchte er: „Mann, lass mich mal eben kurz rein. Ich bin fix und fertig." Ich überlegte einen kurzen Moment, um was für eine gespenstische Erscheinung es sich handeln könnte. Es fiel mir aber keine ein. Er tat mir leid, also lud ich ihn zu mir ein. Zum Glück hatte ich kein rundes, sondern ein größeres rechteckiges Bullauge, durch das er sich zwängte. Nach ein paar kräftigen Schlucken Weinblattsiegel erzählte mir mein nächtlicher Gast seine Geschichte.

Er war der Freund einer der Stewardessen, die über mir wohnte und wolle sie besuchen. Da er aber nach zehn Uhr abends das Schiff nicht mehr regulär betreten dürfe, entschied er sich, diesen etwas ungewöhnlichen Weg zu benutzen. Er müsse am nächsten Tag an Bord seines Schiffes sein, und die Sehnsucht treibe ihn nochmal zu seiner Perle. Nach den Strapazen einer gerade hinter sich gebrachten Geburtstagsfeier habe er seine Kräfte allerdings etwas überschätzt. Und deshalb sah er sich gezwungen, bei mir eine kurze Verschnaufpause einzulegen. Das leuchtete mir ein. Da hörte ich auf einmal Geräusche draußen auf dem Gang. Ich dachte bei mir „O Gott, nicht noch ein verirrter Geist".

Dann klopfte es. Vor mir stand in schicker blauer Uniform der Kapitän des Hotelschiffs. Er fragte mich, ob ich jemand Fremden zu Besuch hätte und eh ich mich versah, stand er auch schon in der Kammer. Ich drehte mich unsicher nach allen Seiten um und musste zu meinem größten Erstaunen feststellen, dass mein nächtlicher Gast wie vom Erdboden verschwunden war. Er musste wohl in einem günstigen Augenblick durchs Bullauge geflüchtet sein. „Nichts für Ungut", murmelte der Käpt'n und verschwand. Ich schaute noch einmal kurz aus dem Fenster und hörte nur noch ein leises Keuchen. Mein leicht angetrunkener Romeo war schon weiter auf dem Weg zu seiner Angebeteten.

Wie ich doch noch bei Striese landete

Die Arbeit an „Zur See" war nach fast drei Jahren beendet. Der Erfolg nach der ersten Sendung war überwältigend. Es wurde Zeit, mich nach neuen Aufgaben umzusehen.

Beruflich lief für mich alles zu meiner vollen Zufriedenheit. Ich drehte Filme, spielte daneben Theater und stand dazu noch so manche Nacht im Rundfunkstudio. Leider lief es zu Hause nicht so gut. Mein Beruf hatte mir in den Jahren meiner Ehe kaum Zeit für ein sogenanntes Familienleben gelassen. So kam es, wie es kommen musste, meine Ehe ging in die Brüche. Einziger Ausweg war die Scheidung.

Ein einschneidender Wendepunkt in meinem Leben. Nach drei Jahren wieder Single. Ein Zustand, in den ich ziemlich nahtlos und unbeschadet hinüberwechselte. Vielleicht war ich meinem Beruf damals sogar dankbar dafür, wie auch immer. Auf jeden Fall hatte ich für mich eine Ausrede. Nun hatte ich ja auch nicht täglich zu tun, sondern längere Pausen, in denen ich nichts zu drehen und zu spielen hatte. Da ich freiberuflich war, verdiente ich in dieser Zeit auch kein Geld. Gab aber genau so viel aus wie vorher. Es musste wiedermal eine zusätzliche Einnahmequelle her.

Eines Nachts machte ich in einer Herrenbar eine Bekanntschaft. Nicht was Sie denken. Es war die Chefin des Tournee-Kabaretts „Die Flohrettiche". Sie bot mir eine Stelle als Kabarettist in ihrem Unternehmen an und ich sagte zu. War es doch eine Möglichkeit, öfter Theater zu spielen und dabei auch noch Geld zu verdienen, ein geradezu idealer Zustand. Das glaubte ich zu diesem Zeitpunkt. Was ich allerdings damals nicht bedachte war, dass Vorstellung und Wirklichkeit oftmals ziemlich auseinander gehen.

Meine neue Karriere als Tourneekabarettist begann erst einmal mit dem Beantragen einer Zulassung. Um Lachen und Fröhlichkeit auch in die entlegensten Winkel unseres Landes zu bringen, musste man sich zunächst beim Komitee für Unterhaltungskunst vorstellen und um eine sogenannte Einstufung ersuchen. Es war eine Kommission von mehr oder weniger kompetenten Mitgliedern. Die Namen sollten schon in ihrem eigenen Interesse lieber im Dunklen bleiben.

Eine beträchtliche Anzahl von Unterlagen und Bescheinigungen waren notwendig. Auf meine Bemerkung „Mein Gott, ich will doch nur, dass die Leute etwas lachen", antwortete mir eine schon etwas ältliche Unterhaltungskünstlerin: „Spaß misst sich immer am politischen Wert. Wir sollten unsere Menschen zu sozialistischen Persönlichkeiten und fröhlichen Kämpfern für unsere gute Sache erziehen."

Nachdem ich feierlich gelobte, meine ganze darstellerische Kraft in den Dienst unserer Unterhaltungskunst zu stellen, bekam ich die Zulassung. Mit Arbeitserlaubnis und ideologisch gerüstet, begab ich mich in die Niederungen der Konzert- und Gastspieldirektionen. Unser Repertoire bestand im Wesentlichen aus einem Kabarettprogramm für die heitere Erziehung unserer Menschen. Dazu ein musikalisch frivoles Programm ohne größeren

Erziehungswert. Wie wenig ausgeprägt jedoch der Bedarf an politischer Schulung unserer Bevölkerung war, merkten wir immer an den Buchungen.

Besonders am Frauentag und zu bestimmten Herrenveranstaltungen stand „erotisch-frivol" hoch im Kurs, „politisch-heiter" rangierte da oft weit abgeschlagen. Da wir Geld verdienen mussten, orientierten wir uns natürlich an Angebot und Nachfrage. Man kann sagen, dass bei uns schon sehr früh die heiter-frivole Marktwirtschaft herrschte. Natürlich erlebten wir bei der Vielzahl unserer Auftritte oftmals Geschichten der unheimlichen Art.

So hatten wir mal einen Einsatz bei einem Fest in einem Dorf in der Nähe von Neubrandenburg, fern der Zivilisation. Kurz, eine Gegend, in der es nicht mal Füchse gab, die sich Gute Nacht sagten. Wir irrten mit unserem Transporter im Dunkeln durch Wälder und Auen. Schließlich hatten wir uns völlig verfahren und die Aussicht, pünktlich zum Auftrittsort zu kommen, war gleich Null. Da hörten wir plötzlich weit aus der Ferne leise böhmische Blasmusik. Wir folgten den Polkaklängen und sahen bald die Lichter eines Dorfes. Erleichtert bemerkten wir einen hell erleuchteten Dorfgasthof.

Erschöpft, aber glücklich, traten wir ein. Wir erfuhren, dass hier gerade ein Feuerwehrball im Gange war. Und der war wohl gerade auf seinem Höhepunkt angekommen. Auf der Tanzfläche hatte sich das ganze Dorf versammelt und machte zu „Rosamunde" gerade Polonaise. Nach einer ganzen Weile wurde man auf uns aufmerksam. Wir schreckten auf, als ein älterer Polkasänger plötzlich durchs Mikrofon rief: „Leute, die

Künstler aus Berlin sind endlich da." Ein Riesenjubel ließ daraufhin das ganze Parkett erbeben.

Vorsichtig gaben wir dem verantwortlichen Feuerwehrhauptmann zu bedenken, dass wir ja zum Arbeiten hier seien und nicht zum Feiern. Lachend wehrte er ab und meinte: „Hier wird nicht gearbeitet, hier wird gefeiert." Eine Aufforderung, der wir sehr gern nachkamen. Denn die Strapazen unserer Anreise lagen uns noch in den Knochen.

Erholt und frisch gestärkt stürzten wir uns in das Getümmel. Nach einer Weile kam ein für die allgemeinen Verhältnisse noch recht nüchterner Herr auf uns zu. Er war wohl der Buchhalter der Feuerwehr. Er überreichte uns ein Kuvert mit dem Honorar. „Bevor beim Hauptmann die Lichter ganz ausgehen", grinste er uns an. Der aber dachte noch lange nicht an eine Stromsperre. Immer wieder brachte er vollgefüllte Biergläser. Seine Erklärung dafür war ebenso einfach wie einleuchtend. Laut zuprostend rief er immer wieder über den ganzen Saal: „Eine Feuerwehr, die nicht säuft, ist wie ein Schlauch, der nicht läuft." Ich kann nur sagen, Recht hat er gehabt. Es wurde eines unserer schönsten Gastspiele.

Der Applaus ist das Brot des Künstlers. Nur auf die Dauer lässt es sich davon schwer leben. Zum Glück wurde bei unseren Auftritten fast immer auch für unser leibliches Wohl gesorgt. Allerdings gab es auch Situationen, die einfach zu verlockend waren. Einmal waren wir zu einer ziemlich offiziellen Veranstaltung gebucht. Damen und Herren in Abendgarderobe standen mit Sektgläsern an weiß gedeckten Stehtischen. Am Ende des Saals wartete ein opulentes kaltes Buffet. Der

Veranstalter zeigte uns die Spielfläche. Sie befand sich genau vor der langen Tafel. Ein sträflicher Leichtsinn.

Denn erst nach unserem Auftritt sollte das Buffet eröffnet werden. Unser Bühnenhintergrund war ein großer Rücksetzer, vor dem wir spielten und nötigenfalls auch nach hinten abgehen konnten. Diese Wand verdeckte also nicht nur die Kollegen, sondern auch die gesamte Festtafel. Es grenzt schon an groben Leichtsinn, solch eine Verlockung völlig ohne jede Sicherheitsmaßnahme zu lassen. Zumal sich auch noch Schauspieler ständig und dazu meistens unbeobachtet in der Nähe befanden. Bis zur Vorstellung lief alles seinen gewohnten Gang. Doch kaum hatte sie begonnen, begann sich auch der Rhythmus des Stücks zu verändern.

Solange alle draußen waren, lief alles im gewohnten Tempo. Aber je näher der Zeitpunkt des Abgangs kam, machte sich eine leichte Unruhe breit. Schauspieler, die sonst eher schleichend die Bühne verließen, liefen plötzlich ungewohnt schnell und kichernd nach hinten. Ein Umstand, den ich erst nach und nach begriff. Es war die geradezu magische Anziehungskraft des Buffets. Da ich den größten Teil des Stückes zu bewältigen hatte, kam ich allerdings kaum von der Bühne. Ich hatte in diesem Fall die Arschkarte gezogen.

Meine Kollegen störte das nicht. Ganz im Gegenteil. Meine Partnerin flüsterte mir zu: „Sei nicht sauer. Aber wir können dir doch nichts mitbringen. Wie sieht denn das aus." Ein schwacher Trost. Aber nicht nur das. Ich musste mir auch noch zusätzliche Texte einfallen lassen, bis meine Partner hinten endlich alles hintergeschluckt hatten. Mit lächelndem Gesicht, als wäre nichts passiert, tauchten sie dann wieder auf der Bühne auf. Schließlich war die Vorstellung zu Ende. Inzwischen hatten wir die Löcher, die durch die Plünderung entstanden waren, so geschickt aufgefüllt und arrangiert, dass das Buffet seinen festlichen Charakter überhaupt nicht verloren hatte. Ganz im Gegenteil. Wir fanden, dass es dadurch sogar noch an Übersicht gewonnen hatte. Keiner der Verantwortlichen hatte etwas gemerkt. Wir hatten schon eingepackt und wollten den Saal gerade verlassen, als der erlösende Ruf ertönte: „Das Buffet ist eröffnet." Alle Anwesenden bewunderten es. Nur der Chefkoch lief mehrmals leicht kopfschüttelnd um sein Meisterwerk.

Manchmal verlangten außergewöhnliche Situationen auch außergewöhnliche Entscheidungen. Irgendwann im März hatten wir mal einen Auftritt anlässlich des internationalen Frauentags in einem großen Berliner Modelleisenbahnbetrieb. Nun wussten wir aus Erfahrung, dass Frauen bei solchen Veranstaltungen gerne mal so richtig die Sau raus ließen. So mancher Mann musste bei solchen Anlässen schon um seine Unschuld bangen. Nicht zuletzt war aber auch die Auswahl des jeweiligen Programms für das Überleben von entscheidender Bedeutung. Trotz vieler Warnungen entschieden wir uns für die erotisch-frivole Variante. „Mit Amor auf Du und Du" schien uns für diesen Anlass das Passende zu sein.

Das ganze Werk spielte größtenteils in der Antike. Dementsprechend waren auch die Herrenkostüme der Zeit eher recht knapp bemessen. Teilweise entblößter Oberkörper und eine kurze Toga um die schmalen Lenden. Schon der erste Auftritt des Hauptdarstellers versetzte den Saal in Ekstase. Der Anblick solch eines Prachtexemplars von Mann und der schon reichlich geflossene Wein riss die anwesenden Damen von den Stühlen und zu Beifallsstürmen hin. Die wenigen männlichen Anwesenden hatten sich schon rechtzeitig in Sicherheit gebracht. Die Stimmung hatte schließlich im Laufe der Vorstellung eine Lautstärke erreicht, dass wir uns auf der Bühne selbst nicht mehr hören konnten. So beschlossen wir kurzerhand eine Änderung vorzunehmen. Statt Erotik wechselten wir zu politischer Satire.

Wir zogen uns in aller Eile um. Kurze Zeit später standen wir in seriöser Bekleidung wieder draußen. Aber wir hatten nicht mit den Ansprüchen Berliner Modelleisenbahnerinnen gerechnet. Uns empfing nämlich ein lautstarkes Pfeifkonzert. Sprechchöre forderten immer wieder: „Ausziehen, Ausziehen". So blieb uns nichts anderes übrig, als wieder den Lendenschurz um die Hüften zu schlingen und uns den massiven Protestbekundungen zu beugen. Bei einem männlichen Bauchtanz erreichte die Stimmung im Saal schließlich ihren Höhepunkt. Nur die räumliche Entfernung zwischen Bühne und Zuschauerraum bewahrte den Darsteller vor körperlichen Zugriffen. Mit einem furiosen Gruppenballett-Finale brachten wir erschöpft, aber glücklich diese Veranstaltung ohne größere körperliche Schäden zu Ende. Applaus und Bravorufe entschädigten uns für die Strapazen. Aus sicherer Entfernung klatschten auch die Männer sichtlich erleichtert. Hatten wir doch dieses Pulverfass weiblicher Zügellosigkeit ohne Schaden entschärft.

Der Reiz eines solchen Tourneetheaters ist es eben, dass man an den unterschiedlichsten Spielorten auch in die unterschiedlichsten Situationen geraten kann. So hatten wir wieder mal eine Veranstaltung in einem Dorfgasthof, irgendwo im Oderbruch. Nun waren manchmal die Örtlichkeiten, was die Garderoben betraf, sehr beengt. So auch dort. Wir mussten uns direkt neben der Küche umziehen. Hier herrschte natürlich auch während der Vorstellung rege Betriebsamkeit.

Nun hatten wir in unserem Programm eine Szene in einer HO-Gaststätte. Ich spielte den Kellner und war bereits im Kostüm. In weißer Jacke mit Fliege und Serviette über dem Arm wartete ich neben der Küche rauchend auf meinen Auftritt. Ständig rannten Kellner an mir vorbei, die alle genauso aussahen wie ich. Scheinbar kannte niemand keinen, denn ich wurde immer wieder angemacht. Dabei wartete ich nur auf meinen Auftritt. Hier wusste wirklich einer vom andern nichts. Plötzlich trat ein beleibter Herr auf mich zu, scheinbar der Chef. Er sah mich an und fragte ungehalten: „Was stehst du hier rum und qualmst? Hast du nischt zu tun? Bring die Essen nach Tisch vier." Eh ich überhaupt etwas erwidern konnte, hatte ich zwei Teller mit Schweinebraten in der Hand. Damit schob er mich ziemlich unsanft durch die Schwingtür. Ich konnte gerade noch fragen, wo denn Tisch vier wäre. Und schon stand ich auch schon mitten im Saal.

Ich irrte noch etwas umher und fand schließlich meine Gäste. Mit mehr oder weniger geübter Hand servierte ich meine Teller. In der Zwischenzeit hatte mein Kollege aber schon die Gaststättenszene begonnen. Er saß bereits auf der Bühne am Tisch und wartete auf den Kellner. Nun begann kurioserweise die Szene mit den Worten: „Herr Ober!" Mein Kollege rief den Satz und war sichtlich schockiert, als es aus dem dunklen Saal tönte:

„Immer langsam mein Herr, sehen Sie nicht, dass ich zu tun habe." Die Dame am Tisch, die ich gerade bedient hatte, flüsterte mir aufgeregt zu: „Nun gehen Sie schon, der wartet, sonst kriegen Sie noch Ärger." Mit einem flotten „Da bin ich schon mein Herr", sprang ich auf die Bühne und sah von der Seite nur das entsetzte Gesicht des Wirts. Als wäre nichts gewesen, wollte ich die Szene weiterspielen. Mein Kollege bekam aber solch einen Lachkrampf, dass er nur noch abgehen konnte. Empört rief ich: „Das haben wir gerne. Erst herumbrüllen und dann abhauen." „Ich komme später noch mal wieder", hörte ich meinen Kollegen vor Lachen prusten.

Der Wirt verstand die Welt nicht mehr. Spielte ein Kellner von ihm so ganz auf die Schnelle mal bisschen Theater oder bediente ein Schauspieler bei ihm so ganz nebenbei, um die Abendgage etwas aufzubessern? Natürlich hat sich der Wirt dann später tausendmal entschuldigt. Aber übel nahm ich es ihm nicht. Übrigens, die Dame mit dem Schweinebraten kam nach der Vorstellung auf mich zu und fragte mich: „Wieso bedienen Sie in solch einem Laden? Sie sollten Schauspieler werden."

Als das Vaterland mich rief

In dieser Zeit geschah etwas, dass mich immer wieder mal beschäftigte. Nur hatte ich es bis dahin immer verdrängt. Ich bekam die Aufforderung zur Überprüfung meiner Wehrunterlagen. Da ich schon zweimal vom aktiven Militärdienst zurückgestellt worden war, hieß das Reservist für mindestens ein halbes Jahr.

Verzweifelt überlegte ich, wie man diesen Schicksalsschlag doch noch abwenden könne. Meine dreitägige militärische Grundausbildung an der Schauspielschule wurde mir sicher nicht angerechnet. Außerdem hatte ich sogar noch zur Fahnenflucht aufgerufen. Die Palette der beruflichen Gründe war ausgeschöpft, familiäre kamen nicht in Betracht. Ich war glücklich geschieden und eine größere Anzahl von Kindern entzog sich meiner Kenntnis. Gesundheitlich war ich fit wie ein Turnschuh und auch mein Alter war noch nicht volkssturmverdächtig. Selbst Felix Krull erschien mir auf Grund seines hohen Bekanntheitsgrades keine echte Alternative. Blieb nur noch eins. Ein Laster musste her. Am besten gleich eine Sucht.

So entschloss ich mich bei der Nachmusterung durch schweren Alkoholismus aufzufallen. Meine Idee fand unter meinen Freunden nur geteilte Zustimmung. Die schon gedient hatten, meinten, das habe keinen Zweck. Saufen wäre bei der Armee kein Grund zur Ausmusterung. Eher eine erwartete Voraussetzung, um überhaupt genommen zu werden. Das Ganze wäre doch sowieso nur im Suff zu ertragen. Die ganze Debatte zog sich bis in die frühen Morgenstunden hin. So vorbereitet und schwer gezeichnet startete ich in Richtung Musterungslokal. Meine Fahne flatterte mir voran.

Im Warteraum saßen auf zwei langen schmalen Bänken schon einige Bewerber. Sie zeigten die gleichen Symptome wie ich. Immer wieder mal verschwand einer nach dem anderen mit viel Optimismus in der ersten Tür, um kurze Zeit später mit zerknirschtem Gesichtsausdruck durch eine zweite Tür wieder zu erscheinen. Plötzlich wurde mein Name aufgerufen und ich zuckte zusammen.

Wenig zuversichtlich, aber mit leichten Gleichgewichtsstörungen, ging ich in den Untersuchungsraum. Im Zimmer waren die Fenster aus gutem Grund weit geöffnet. Am Schreibtisch saß eine Frau mit weißem Kittel, die jede Nähe zu ihren Opfern tunlichst vermied. An Brustkorb abhören oder gar Rachenuntersuchungen war gar nicht zu denken. Sie stellte mir aus großer Distanz einige Fragen und ich murmelte die dazu gehörigen Antworten. Ich wurde für tauglich befunden, bekam einen Zettel in die Hand und sollte auf alles Weitere warten.

Das musste ich auch nicht lange und der Einberufungsbefehl kam. An einem kalten Januartag ging es in aller Frühe per Sammeltransport in die Uckermark nach Prenzlau. Die Stimmung im Zug war, trotz des frühen Morgens, schon feucht-fröhlich. Man hatte den Eindruck, nicht in einem Militärtransport zu sein, sondern auf direktem Weg in die Entziehungskur. Wodkaflaschen kreisten, und man schüttete, was das Zeug hielt. Schließlich kamen wir in Prenzlau an, stolperten aus den Waggons auf die LKW und landeten schließlich in einer Kaserne. Für die nächste Zeit mein Zuhause.

Ich musste erstaunt feststellen, ich war bei der Flak gelandet. Aber als was? Da ich noch nie was mit der Armee und schon gar nicht mit der Flak zu tun gehabt hatte, gab es nur eine Erklärung. Ich war Flakhelfer. Ich sah die alten deutschen Wochenschauen vor meinem geistigen Auge und dachte, dafür bist du ja nun wirklich zu alt. Die Flakabteilung war in einer alten Kaserne untergebracht. Sie hatte sich den Charme der Deutschen Wehrmacht noch weitgehend bewahrt. Von hier aus sollten also wir den Himmel vorm Klassenfeind verteidigen.

Fragte man, welches Interesse der Klassenfeind an endlosen Kartoffel- und Rübenfeldern hätte, bekam man zur Antwort: „Den Klassenfeind interessiert alles." Schon nach wenigen Tagen wurde ich vom einfachen Flaksoldaten in eine Führungsgruppe befördert. Warum, wusste ich nicht. Vielleicht wegen meiner früheren Führungsqualitäten. Meine Aufgabe bestand darin, auf dem Gefechtsfeld feindliche Flugzeuge zu erkennen. Mit einem Gerät, dessen Bedienung und Funktion mir die ganze Zeit verschlossen blieb. Zum Glück wurden nie feindliche Flugzeuge gesichtet. So entging ich vielleicht sogar einer standrechtlichen Erschießung.

Ansonsten bestand der Alltag aus dem Verrichten völlig sinnloser Aufgaben. Vergilbte Rasenflächen grün spritzen, Tore ohne Zaun rechts und links bewachen oder die leer gesoffenen Wodkaflaschen der letzten Nacht aufsammeln. Ich könnte jetzt noch die Reihe solch sinnloser Betätigungen beliebig verlängern. Bei einer Wache wurde ich mal zum Küchendienst eingeteilt. Angesichts dieser Tatsache gab unser Gruppenführer, ein hochintelligenter Unteroffizier aus dem Norden den Befehl: „Heute kocht der Schiffskoch von der Fichte." Ich weiß nicht mehr, was im Speiseplan für diesen Tag stand, aber ich hatte keine andere Wahl. Nun war unsere Armeeküche, weiß Gott, nicht gerade ein Gourmettempel. Hier kochte man schon seit der Wehrmacht nach dem alten Grundsatz: „Bei der Armee soll das Essen nicht schmecken, sondern stopfen."

Ich beförderte mich kurzerhand zum Chefkoch und beschränkte mich ganz auf die Überwachung und das gelegentliche Geben von Befehlen und Anweisungen. Die Küchenbullen kochten indessen weiter wie bisher: „Die Soße muss marschieren und der Rest wird weich gekocht. Hauptsache, man kann nichts unterscheiden." Alles war dann beim Essen auch wie immer. Die Genossen mampften wie an jedem Tag. Keine Beifallsstürme oder irgendwelche Protestaktionen störten die Fütterung. Es schmeckte ja auch wie immer, war ja auch kein Wunder.

Nur unser Unteroffizier bewies sich als absoluter Feinschmecker. Er stand nach dem Essen auf und bemerkte: „Ich kann nur sagen, man hat es heute mal deutlich geschmeckt: so kocht eben nur ein echter Schiffskoch." Und ergänzte danach noch, aber schon mit leichter Drohung: „Stimmt's, Genossen." Und aus allen Kehlen erschallte es wie gewohnt: „Jawohl, Genosse Unteroffizier." Es kann im Zweifel eben auch alles befohlen werden.

Da sich weder der Klassenfeind blicken ließ, noch sonst irgendwelche außergewöhnlichen Ereignisse die Uckermark heimsuchten, verliefen die Tage in unserer Flakstellung eher öde und langweilig. So vertrieben wir uns die Zeit mit geselligen Abenden auf der Stube. Und zu einem zünftigen Stubenabend durfte ein edles Tröpfchen natürlich nicht fehlen. Für die Beschaffung der entsprechenden Spirituosen und sonstigen Getränke wurde viel Zeit und Energie investiert. Man entwickelte strategische Pläne für den Erwerb außerhalb des Objektes. Man musste Zivilisten gewinnen, die in den Kaufhallen das Gewünschte kauften, konspirative Treffen für die Übergabe vereinbaren, die Wachen an den Kaserneneingängen bestechen und Kuriere finden, die die Ware in die jeweiligen Zielobjekte transportierten. Verstecke waren bereitzustellen, in denen die Beute gebunkert wurde, bis sie dann schließlich an einem feucht-fröhlichen Mannschaftsabend vernichtet wurde. Alles in Allem eine große logistische Leistung.

Ich glaube, hätte man nur einen Bruchteil dieses enormen Potentials für den täglichen Dienstgebrauch genutzt, kein Feind hätte gegen diese Armee je eine Chance gehabt. Leider wurde das von den Vorgesetzten nie in seinem ganzen Umfang erkannt. Schon gar nicht in einer kleinen uckermärkischen Flakstellung.

Die Tage vergingen, die Sonne stieg höher und mit dem Frühling rückte auch meine Entlassung immer näher. Ich wurde Gefreiter und Entlassungskandidat. Leider verzögerte sich das freudige Ereignis dann doch noch um einige Tage. Nach meiner Degradierung wieder zum einfachen Soldaten musste ich eine Woche, die ich völlig unschuldig und lediglich wegen unerlaubtem Entfernen von der Truppe im Arrest verbringen musste, nachdienen. Aber schließlich hatte auch für mich die Stunde der Freiheit geschlagen.

Mit einer völlig legal erworbenen Flasche Weinbrand saß ich endlich im Zug und zuckelte nach Hause, in die Hauptstadt. Angefüllt mit vielen neuen Eindrücken und Erfahrungen. Ab und zu erfasste mich noch eine leichte Wehmut. Aber das lag wohl mehr an dem hochprozentigen Abschiedsgetränk. Nach der Entlassung aus der Armee kehrte ich nahezu unbeschadet und nahtlos in meine alte Welt zurück.

Diese begann sich aber immer mehr zu verändern. Wir zogen zwar weiter über die Dörfer, mussten dabei aber immer mehr feststellen, die Stimmung unter den Leuten wurde immer angespannter. Viele kritische Pointen in unseren Programmen bekamen plötzlich einen ganz neuen Stellenwert. Das Publikum reagierte offener und selbstbewusster. Es wollte nicht mehr nur unterhalten werden. Nein, es verlangte von uns in zunehmendem Maße klare politische Stellungnahme zur Gegenwart. Für uns Kabarettisten eine neue, veränderte Aufgabenstellung.

Waren bisher in den meisten Szenen Mangel, Unzulänglichkeiten und bürokratischer Unsinn in der DDR Ziel unser Attacken gewesen, so änderten sich die Ansprüche auf einmal gewaltig. Die Kabarettbühne sollte zu einem Forum des Protestes werden. Diesen neuen veränderten Anforderungen waren die „Flohrettiche" nicht gewachsen. Vielleicht waren wir schon zu lange auf der Schiene der bloßen Unterhaltung und des Frohsinns gefahren. Als wir während einer Veranstaltung in einem

Dorfgasthof die Antrittsrede des neuen Generalsekretärs Krenz verfolgten, war es soweit.

Wir spielten die abendliche Vorstellung noch zu Ende und lösten uns danach auf. Wir hatten die Grenzen unseres Daseins erreicht. Im Herbst 1989 hörten nach über zwanzig Jahren die „Flohrettiche" auf zu existieren. Die gesellschaftlichen Ereignisse hatten uns einfach überholt.

Der Herbst steht auf Sturm

Die politischen Ereignisse in der DDR wurden immer dramatischer. Demonstrationen und Protestveranstaltungen waren an der Tagesordnung. Nun war ich kein Widerstandskämpfer und betrachtete die ganze Entwicklung eher aus einer gewissen Distanz heraus.

Ich verfolgte Schabowskis legendäre Pressekonferenz im Fernsehen, verschlief allerdings im wahrsten Sinne des Wortes den ersten Mauerdurchbruch. Am nächsten Tag hatte ich einer Kollegin zugesagt, beim Renovieren ihrer Wohnung zu helfen. Als ich am Morgen aus dem Fenster sah, traute ich meinen Augen nicht. Eine riesige Menschenschlange stand direkt vor meinem Haus. Erst als ich die Nachrichten im Radio und Fernsehen sah, begriff ich, was letzte Nacht geschehen war. Jetzt verstand ich auch die Menschenschlange. In nicht allzu weiter Entfernung befand sich nämlich die Meldestelle der Deutschen Volkspolizei. Ich begann langsam zu begreifen. Das war keine Protestdemonstration für mehr Bürgerrechte in der DDR, im Gegenteil. Die Menschen standen für ein Ausreisevisum in den Westen an.

Ich befand mich an diesem Morgen in einer schwierigen Situation. Mein Reisepass lag schon längere Zeit bei der DEFA. Aber es lockte das Visum. Allerdings warteten da auch noch Farbeimer und Tapeten bei meiner Kollegin. Meine Entscheidung war schnell getroffen. Mir fiel auf Anhieb Willi Stoph ein. „Wenn andere ihre Zimmer tapezieren, müssen wir das nicht auch tun", sagte er während eines Interviews. Und das mit der

Glaubwürdigkeit unserer Genossen, was Reisefreiheit betrifft, war ja so eine Sache.

Ich beschloss das Tapezieren auf Anraten Willi Stophs zu verschieben. Das teilte ich meiner Kollegin telefonisch mit und erntete wütenden Protest. Ich hielt ihr vor, sich an kleinbürgerliche, persönliche Bedürfnisse zu klammern. „Was ist schon das Renovieren einer Wohnung, wenn um uns herum eine ganze Welt renoviert wird. Du musst endlich über deinen Tellerrand hinausgucken und die Zeichen der Zeit erkennen. Die Menschen brechen auf zu neuen Ufern. Du dagegen steckst deinen Kopf in irgendwelche Farbeimer", rief ich ihr durchs Telefon zu.

Ohne Zeit zu verlieren, reihte ich mich in die Schlange der Visabedürftigen ein. So ließ ich mir eine Revolution gefallen. Man weiß, sie wird kommen, aber muss selber nicht unbedingt was dafür tun. Höchstens ein paar Stunden in der Schlange stehen und warten. Aber trotz aller Revolutionen ging es in meinem Leben weiter. Für mich begann in dieser Zeit ein neuer beruflicher Abschnitt, der fast zwanzig Jahre dauern sollte. Damals ahnte ich noch nicht, dass mir bald ein Ortswechsel bevorstand.

An der Oder kräht ein neuer Hahn

Noch vor der sogenannten Wende begann ich ein Gastspiel bei den Oderhähnen, einem Kabarett in Frankfurt an der Oder. Ein Kollege war für längere Zeit nicht abkömmlich. Die Erzeugnisse unserer Spirituosenindustrie hatten ihn außer Gefecht gesetzt. Das hieß für mich wieder mal etwas völlig Neues. Die Stadt war eher gewöhnungsbedürftig, die Kollegen fremd und kritisch.

Die Aufgabe, die mir bevorstand, war allerdings nicht gerade einfach. Ich übernahm innerhalb einer Woche das ganze Programm und spielte es mit viel Spaß. Mit der Zeit passte alles, wie man so schön sagt. Die Gagen waren nicht üppig, aber man konnte gut leben. Mit den Kollegen kam man immer besser zurecht. Die Zigarettenpreise auf der anderen Seite der Grenze waren geradezu paradiesisch und die Stadt sah man sowieso meistens nur im Dunkeln. Alles hätte so schön sein können, wenn, ja wenn da nicht um uns herum eine friedliche Revolution getobt hätte. Der Strudel der demokratischen Umwälzung hätte nämlich auch beinahe die Oderhähne mit sich gerissen.

Das Kabarett war fester Bestandteil des Kleist-Theaters und wurde auch von ihm verwaltet. Was auch immer geschah, diese beiden Einrichtungen waren gnadenlos miteinander verbunden. Stürzte das Theater, zog es das Kabarett mit sich. In diesen stürmischen Zeiten übernahm ein neuer Chef das schwer angeschlagene Schiff, Wolfgang Flieder. Seines Zeichens Schauspieler, Regisseur und Funktionär in einer Person. Also eine aufs

Beste ausgestattete Führungspersönlichkeit. Mit seiner Maxime „Hier wird gemacht, was ich sage, hier herrscht schließlich Demokratie" setzte er sofort klare und unmissverständliche Zeichen. Das war umso wichtiger, als auf der Straße gerade für Meinungsfreiheit, Mitbestimmung und schonungslose Kritik lautstark demonstriert wurde.

Alles äußerst notwendige Sachen, die an einem Theater nichts zu suchen haben. Hier ist kollektiver Individualismus gefragt. Man braucht Persönlichkeiten, die sich gleichzeitig einordnen und herausragen können. Er war zweifellos von einer tiefen, kritischen Sympathie für eine revolutionäre Umwälzung der gesellschaftlichen Zustände unter Einbeziehung des Theaters geprägt. Das allerdings unter besonderer Berücksichtigung eines speziellen Demokratieverständnisses. Aber ob die Revolution nun tobte oder nicht, an einem Abend auf einer Gastspielbühne kam dann das Unvermeidliche. Die letzte Vorstellung der Oderhähne. Der Vorhang fiel. Die alten Programme waren abgespielt. Die Inhalte hatten ausgedient. Auch die Schauspieler waren abgespielt, weigerten sich aber, ausgedient zu haben.

Die Oderhähne sind tot, es leben die Oderhähne, konnte es nur heißen. Mit Energie und Begeisterung ging Flieder daran, das Ensemble zu erhalten. Er übernahm erst einmal die fest engagierten Schauspieler. Eine liebe Kollegin, ein Urgestein Frankfurter Kabarettkunst bat mich inständig, zu bleiben. Nun waren mir die Hähne und vor allem auch die Kollegen in der relativ kurzen Zeit richtig ans Herz gewachsen. Und ich sah auch, was um mich herum geschah. Die Sparte der freiberuflichen Schauspieler brach wirtschaftlich und sozial immer mehr zusammen. Dagegen half nur: ein festes Engagement, ein festes Ensemble, ein festes Einkommen.

Ich vereinbarte ein Gespräch mit dem neuen Chef. Wir kamen zum ersten Mal in der Bar des Hotels, in dem ich wohnte, zusammen. Im angeregten Gespräch über das Kabarett im Allgemeinen und Gott und die Welt im Besonderen verging die Zeit so schnell, dass wir uns gezwungen sahen, unser Gespräch in die Nachtbar zu verlegen. Zu vorgerückter Stunde wurde dann mündlich, so gut es noch ging, ein Arbeitsvertrag per Handschlag erst geschlossen und danach begossen, der fast zwanzig Jahre halten sollte. Bedeutend länger als das Hotel übrigens.

Die Spielstätte der Oderhähne befand sich in einem kleinen Kellergewölbe. Das Haus war denkmalgeschützt und stand im Zentrum der Stadt. Bis zu neunzig Zuschauer fanden darin Platz. Zu DDR-Zeiten erreichte dieses winzige Theater ständig eine hundertprozentige Auslastung. Kabarett stand damals hoch im Kurs. Kaum war der Vorverkauf der Karten für das kommende Jahr in der Zeitung angekündigt, bildete sich vor der Kasse eine riesige Menschenschlange. Innerhalb von Stunden waren die Karten für das nächste Jahr ausverkauft. Das änderte sich nach der Wende.

Wir waren es ja gewohnt, täglich vor ausverkauftem Haus zu spielen. Was geschah da mit den Menschen? Warum kamen sie nicht mehr? Erst Jahre später konnten wir das Publikum Stück für Stück zurückerobern. Und nicht nur das. Wir konnten immer mehr feststellen, dass sich die Leute ihrer längst vergessen geglaubten Gewohnheiten wieder besannen. Genervt und enttäuscht von Werbung,

Privatfernsehen und Ellenbogenmentalität fand man, es war ja nicht alles schlecht gewesen, seinen Hausgemeinschafts- und Brigadesinn wieder. Man ging öfter mal wieder zusammen ins Kabarett. Wir haben damals vielen, so meine ich, geholfen, ihre eigene Identität wiederzufinden.

Eine Aufführung trug besonders dazu besonders bei. Das Stück hieß „Made in GDR" und war ein Programm ausschließlich mit erfolgreichen Kabarettnummern aus der DDR. Bei uns erlebte es als Festprogramm zum 45. Jahrestag der DDR am 7. Oktober seine Uraufführung. Selbstverständlich mit offiziellem Protokoll, wie es damals bei solchen hochkarätigen Veranstaltungen an der Tagesordnung war. Personenüberprüfung durch einen original uniformierten Volkspolizisten, Vorlage eines DDR-Dokuments, Zwangsumtausch bei Westbesuchern in Forumschecks und so weiter.

Ein Ereignis, welches sich in Frankfurt und Umgebung wie ein Lauffeuer verbreitete. Und die Zuschauer kamen in Scharen. Natürlich auch entsprechend ausgestattet und klassenbewusst gekleidet. Wie selbstverständlich hatte man auch wieder die alten Originaldokumente wie den blauen Personalausweis, das FDGB-Mitgliedsbuch oder DSF- und DFD-Solidaritätsnachweise diebstahlsicher immer am Mann. Man trug wieder stolz Pionier- und FDJ-Hemd, die alte NVA-Uniform und jede Menge Abzeichen und Orden. Und dabei kamen nicht alle nur aus dem Osten.

Es besuchte uns die Jugendbrigade der Deutschen Bank, alle aus dem tiefsten Bayern. Sie kamen geschlossen im FDJ-Hemd und mit entsprechenden Tischfähnchen. Es kamen weitere Abordnungen aus fast allen Bundesländern. Das alles war zwei Stunden DDR-Geschichte pur. Noch vier weitere Republikgeburtstage erlebte diese Festveranstaltung. Nach über zweihundert Vorstellungen verschwand sie endgültig in der Versenkung nostalgischer Erinnerungen.

Nun kann mancher sagen, wir haben damit ein verklärtes Bild der DDR wiederbelebt. Wenn dem so ist, bitte. Das Publikum hatte Spaß daran. Und das ist bei vielen solcher Versuche nicht immer der Fall gewesen, wie uns die Treuhand später bewies. Nun machte die neue Zeit selbst in Frankfurt-Oder nicht vor alten Kabarettgemäuern halt. Die Devise konnte nur lauten: „Auf zu neuen Formen". Der Trend ging eindeutig zur Kabarett-Show. Eine Mischung aus politischem Wort, eingängiger Musik und gelegentlichen Tanzeinlagen. Das stellte auch die Kabarettisten vor völlig neue Aufgaben in ihrer Darstellungsweise.

Stand man vorher als Kabarettist anständig angezogen auf der Bühne, so gab es jetzt unvermittelte Tanzeinlagen, gepaart mit Chansons und Wechselgesängen. Und das alles in möglichst bunten Kostümen. Das Auge begreift ja mit. So lernte ich steppen, bayerische Volkstänze wie Schuhplattler und sang immer wieder Moritaten und Balladen. In der Regel verlangen ja solche künstlerischen Ausdrucksformen große Bühnen und dazu gehörige Treppen. Auf Grund der Räumlichkeiten in diesem Gewölbe wurde allerdings die Einheit von Inhalt und Form schlichtweg ausgehebelt. Der Inhalt groß und anspruchsvoll. Die Bühne klein und bescheiden. Sie bestand aus einem flachen Podest, auf dem wie durch ein Wunder ganze Chorgesänge, Ballettreihen und

Polonaisen stattfanden. Sie maß gerade zwei mal drei Meter und war in der Mitte des Raumes postiert.

Ohne eine Möglichkeit, sich mal kurz zurückziehen zu können. Man war also ständig den Blicken des Publikums ausgesetzt. Dieses saß zudem auch noch so nah an der Bühne, dass man immer Angst haben musste mit einer rasanten Tanzbewegung den ganzen Tisch abzuräumen. Oft hatte man nicht einmal die Möglichkeit, den verdienten Applaus entgegenzunehmen. Denn unmittelbar nach Ende des Stückes stürmten viele, meist blasenschwache Zuschauer die vier Toilettenplätze außerhalb des Saals. Dabei führte der kürzeste Weg nun mal über die Bühne. Sich verbeugende Schauspieler waren da nur ein Hindernis. Unmissverständliche Aufforderungen wie: „Nun gehen Sie doch mal endlich beiseite" erleichterten das Durchkommen.

Ein Glück, dass man sich nicht mehr vom Applaus alleine ernähren musste. Sonst hätte ich an solchen Abenden vor Hunger kaum einschlafen können. Eine gewisse Abwechslung brachte da immer unser Sommertheater. Ein Ereignis, auf das sich Schauspieler und Zuschauer gleichermaßen freuten. Raus aus den Kellergewölben und hinauf auf die Freilichtbühne. Eigentlich als einmaliges Projekt gedacht, fand es beim Publikum einen Riesenanklang. Schon bald wurde daraus eine feste Tradition. So gab es jedes Jahr sechs bis acht Wochen leichte Theaterkost auf der Sommerbühne.

Der Theateralltag war eigentlich geprägt von einer immer sich wiederholenden Fließbandarbeit. Ständig neue Stücke probieren, die Premiere herausbringen, achtzig Vorstellungen und mehr spielen. Danach etwas Pause, dann beginnt alles von vorn. Dazu in der Freizeit hunderte von Textseiten auswendig lernen, Lieder und Tanzschritte einstudieren. Da bot auch bald das Sommertheater keine Abwechslung mehr. Die Fließbandarbeit ging immer weiter. Nur das Band lief immer etwas schneller und es standen immer weniger Leute dran.

Am meisten jedoch vermisste ich die vielen künstlerischen Möglichkeiten, die es neben dem Kabarett gab. Aus Zeitmangel waren sie aber nicht zu nutzen. Irgendwann musste und wollte ich mich einer Entscheidung stellen. Sollte ich gehen? War es an der Zeit, zwanzig schöne und erfolgreiche Jahre hinter sich zu lassen? Auf ein mir immer wohlgesonnenes Publikum zu verzichten? Einem Ensemble Adieu zu sagen, dass mir immer Verständnis und Toleranz entgegengebracht hatte? Das mir die vielen Jahre so etwas wie ans Herz gewachsen war? Ich fand, ja, es war an der Zeit.

„Um etwas Neues beginnen zu wollen, muss man etwas Altes beenden können", schreiben die Klassiker. Also wagte ich wieder mal den Sprung ins kalte Wasser. Es war ja nicht das erste Mal. Damit hatte ich ja bisher schon genügend Erfahrungen gesammelt. Aber so oft ich auch ins Wasser gesprungen war, habe ich doch immer wieder das richtige Ufer erreicht. Und Angst vor neuen Herausforderungen war mir schon immer fremd. Ganz im Gegenteil. Ich freue mich jedes Mal aufs Neue, mich ihnen zu stellen. Wie bei diesem Buch. Eine Herausforderung, die mir einfach am Herzen lag.

Nachwort

Ein Leben zu beschreiben ist oft schwieriger, als es nur zu leben. So meint man. Beschreibt man es, glaubt man immer erklären zu müssen, warum man dieses oder jenes getan hat. Oder nicht.

Im Augenblick des Lebens steht man nicht vor dieser Entscheidung. Richtig oder falsch gilt da als Richtschnur des Handelns. Nun hab ich in meinem Leben sicher auch viele falsche Entscheidungen getroffen. Auch solche, die sich im Nachhinein als richtig herausstellten. Ich musste mich nie für meine Meinungen und Verhaltensweisen rechtfertigen. Ich gab nie klein bei und ging immer volles Risiko. Dafür trug ich auch so manche Konsequenz.

Aber ich blieb mir gegenüber stets ehrlich. Ich habe immer getan, was mir Spaß machte. Und an den gelegentlichen Beschädigungen, die ich erlitten habe, bin ich ganz allein schuld. So wie ich auch die Erfolge, die ich erreicht habe, nur mir verdanken kann. Ich habe vor über vierzig Jahren meine kleine Welt verlassen, und sie gegen alles eingetauscht, was einem das Leben so bieten kann. Und das war gut. Denn hätte ich das nicht getan, würde ich noch heute in meinem verträumten Braunkohleörtchen im Bushäuschen sitzen und heimlich rauchen.

Interview mit Bernd Storch
Über den Straßenfeger „Zur See" des DDR-Fernsehens

Im Januar 1977 lief im damaligen DDR-Fernsehen zum ersten Mal die Serie „Zur See". Seither ist das Interesse an der fiktiven Mannschaft des Frachters „J. G. Fichte" ungebrochen. Schon bei ihrer Erstausstrahlung war die neunteilige Fernsehserie ein Straßenfeger. Was die Episoden so interessant machte und noch immer macht, ist ihre Vielschichtigkeit. Zum einen zeigt der Film eine relativ realistische Darstellung des Ost-Alltags mit seinen Sorgen, Nöten und Zweifeln. Im Gegensatz dazu stand der für damalige Verhältnisse vollkommen exotische Handlungsort eines Handelsschiffes der „Deutschen Seereederei Rostock".

Wer heute noch wissen möchte, wie das Klima und die Lebensart in einem DDR-Arbeitskollektiv gewesen ist, findet in diesem Film eine ziemlich lebensnahe Darstellung. Die relative Ideologiefreiheit, in manch anderem Streifen aus Ostproduktion kaum erträglich, macht die Serie noch immer sehenswert. Auch durch die gelegentlichen politischen Einwürfe des Bootsmannes, der gleichzeitig den Parteisekretär verkörpert, können viele ehemalige DDR-Bürger sich in diesem Alltag jenseits von Stasi und Klassenkampf wiederfinden und sagen: ungefähr so war's.

Sie sind als Schiffskoch Detlef Hartwig aus der Serie „Zur See" noch manchem in Erinnerung. War der Schauspielerberuf schon immer Ihr Traum oder sind Sie auf Umwegen Schauspieler geworden?

Schauspieler bin ich nicht auf Umwegen geworden, sondern direkt durch das Studium an der Schauspielschule. Die Idee dazu war aber relativ spontan. Sie entstand, als ich noch zur Oberschule in Senftenberg ging. Das dortige Theater befand sich direkt neben meiner Schule. Ich sah immer kurz vor zehn die Schauspieler zur Probe kommen. Da dachte ich mir, das ist eigentlich eine tolle Sache. Um zehn Uhr anfangen ist eine gute Zeit. Ein Bekannter machte mich darauf aufmerksam, dass man am Theater als Statist ein bisschen Geld verdienen könnte. „Du stehst auf der Bühne, in einer Massenszene, und dann bekommst du fünfundzwanzig Mark je Abend." Ich bin also hingegangen. Es wurde gerade „Egmont" geprobt und noch Kleindarsteller gesucht. So bekam ich Kontakt zum Theater. Ich hatte dann Rollen in mehreren Stücken und durfte ab und zu sogar mal einen Satz sagen, also eine kleine Sprechrolle. Ich fand Gefallen an dem Beruf und ich kam in Kontakt mit den Schauspielern, zum Beispiel mit Dietmar Richter-Reineck. Der hat mit mir an zwei Stücken gearbeitet. Dann habe ich mich nach dem Abitur an der Schauspielschule beworben, zunächst in Leipzig. Aber die haben mich wegen Talentlosigkeit nicht genommen. Anschließend habe ich es in Berlin versucht und dort hat es geklappt. So wurde ich Schauspieler. Schon früh, noch als Student, bin ich zum Fernsehen gekommen und hatte Theaterrollen, zum Beispiel am renommierten Deutschen Theater in Berlin.

Die Serie „Zur See" gehört zu den erfolgreichsten Produktionen des DDR-Fernsehens. Hätten Sie persönlich mit diesem Erfolg gerechnet?

Mit dem Erfolg habe ich durchaus gerechnet. Diese Serie hat sich insofern von anderen Produktionen unterschieden, weil sie exotischer ist, viel Schauwert hat. Sie verkörperte für viele den damals unerfüllbaren Traum vom Reisen in die Welt. Das war auch das Problem, das die Macher gegenüber den Oberen hatten, die die Serie eher skeptisch betrachtet haben. Wecken wir da nicht zu viel Sehnsucht, zu viele Erwartungen? Das war so ein Gedanke dabei. Dabei hat die Handlung auch viel mit den Familien der Seeleute zu tun. Meine Rolle des Kochs war dabei so etwas wie das komische Äquivalent zu den teilweise dramatischen Ereignissen der Handlung, die die Autorin Eva Stein beschrieben hat. Dass die Figur des Kochs für die Zuschauer interessant und sympathisch wurde, damit hatte sogar sie nicht gerechnet. Der Koch steht gewissermaßen zwischen den ganzen Dingen. Auf der einen Seite die Geschichten um die Matrosen und Seeleute, auf der anderen die Routine auf dem Schiff.

Wie sind Sie zur Rolle des Schiffskochs gekommen?

Das Fernsehen hatte die Idee, eine Serie über Seeleute zu drehen. Ich bekam eine Anfrage vom Regisseur Wolfgang Luderer, ob ich Zeit hätte. Ich war damals freiberuflich und ich hatte sie. Dann gingen ein oder zwei Jahre ins Land. Ich dachte schon gar nicht mehr daran. Plötzlich bekam ich ein Telegramm, ich solle mich in Babelsberg zum Besetzungsgespräch melden für eine Rolle in einer Fernsehserie, die „Zur See" hieß. Ich bin also hingefahren. Wolfgang Luderer stieg aus seinem Mercedes aus, mit Lederjacke, dunkler Brille und dickem Buch unterm Arm, ganz Regisseur also. Das

Besetzungsgespräch bestand dann darin, dass er mich fragte, ob ich noch immer zweieinhalb Jahre Zeit hätte. Auf mein „Ja" teilte er mir mit, dass ich mit der Rolle des Kochs besetzt sei, alles weitere mache die Regieassistenz mit mir ab. Den Regisseur habe ich dann erst ein halbes Jahr später wiedergetroffen. So bin ich zu Rolle des Kochs gekommen.

Konnten Sie sich mit der Rolle identifizieren?

Ja, doch schon. Die Autorin Eva Stein kannte mich und hatte die Figur ein bisschen auf mich angelegt. Es wurde mir relativ leicht gemacht, mich zu identifizieren. Es ist ja auch keine dramatisch-hintergründige Figur, in die man sich besonders einfühlen muss. Ein junger Mann eben, der zu Hause im Vogtland die Schnauze voll hat und weg will. Ich konnte das gut nachfühlen, weil ich es ähnlich gemacht hatte. Die Rolle kam mir von der Mentalität her sehr entgegen, die Gedankenwelt des kleenen Sachsen.

Und das Sächsische war kein Problem für Sie?

Das Sächsische war insofern kein Problem, weil ich ziemlich dialektbegabt bin. Nachdem ich im Drehbuch gelesen hatte, dass der Koch aus dem Vogtland kommt, habe ich den Regisseur gefragt, ob der dann auch so spricht, mit Dialekt also. Wolfgang Luderer schaute mich bloß an und sagte: „Ja, natürlich." Meinen Einwand, dass ich selbst nicht aus der Gegend käme, ließ er nicht gelten. „Sie werden doch wohl das bisschen Vogtländisch hinkriegen." Am Ende war es dann auch nicht das große Problem.

Die Aufnahmen wurden zum Teil auf einer regulären Kubareise des MS „J. G. Fichte" aufgenommen. Wie war das „echte" Leben auf See, die Zusammenarbeit mit der Schiffsbesatzung?

Wir waren ein Vierteljahr unterwegs nach Kuba und zurück. Es war meine erste Schiffsreise und dann auch noch so eine lange. Wir arbeiteten mit dem Film nebenher, neben dem normalen Schiffsalltag. Am Anfang waren wir gar nicht sehr beliebt bei der Mannschaft. Der Regisseur war aber clever. Weil er natürlich keine Kleindarsteller mitnehmen konnte, hat er sich für die Statistenrollen Matrosen ausgesucht. Und so weckte er sehr schnell die Liebe zum Film auch unter der Besatzung. Wir wurden plötzlich Kumpels, waren angesehen bei ihnen. Ansonsten haben die ihren Job gemacht und wir unseren. Aber es gab keine Berührungsängste zwischen den Leuten.

Soweit ich weiß, waren Sie wirklich seekrank?

Ich lag in meiner Koje, mir ging es schlecht und ich sah auch entsprechend aus. Der Regisseur benutzte mein Leid und drehte diese Geschichte mit der Seekrankheit des Kochs, während es mir wirklich dreckig ging. Er stellte sogar den Drehplan um und sagte: „Bringt den Storch mal hoch zum Drehen, schminkt ihn aber nicht, so gut bekommen wir den nie wieder hin, richtig realistisch." Und es stimmte ja auch. Mir ging es nach einer Weile dann besser, ich hatte mich nach ein paar Stunden an den Seegang gewöhnt. Dann wurde es schon schwieriger, das zu spielen.

Im Film ist immer mal wieder unterschwellig die führende Rolle der Partei zu spüren, insbesondere in der Person des Bootsmannes, der auch Parteisekretär war. Gab es eine politische Einflussnahme auf der wirklichen Reise der Fichte?

Wir waren zum Beispiel in Dänemark an Land. Da haben wir das gemacht, was alle Seeleute machten: wir gingen in bestimmte Kinos und danach in einen Vergnügungspark. Dort sind Ingolf Gorges und ich richtig versackt, wir sind da hängen geblieben. Wir verpassten das Auslaufen des Schiffes, die mussten auf uns warten. Es war aber keineswegs so, dass das Konsequenzen nach sich zog. Wir hatten auch nicht irgendwelche Leute an der Seite, die vielleicht noch mit uns mitgegangen wären. Und eine politische Einflussnahme auf uns gab es auch nicht. Wie es bei den anderen Gewerken aussah, weiß ich nicht. Unter uns Schauspielern gab es das jedenfalls nicht. Trotzdem waren wir damals vielfältigen politischen Doktrinen ausgesetzt. Als Ingolf Gorges zum Beispiel ausstieg und in den Westen ging, der Schauspieler Willi Schrade seine Rolle übernahm, soll man wohl ernsthaft überlegt haben, den ganzen Film wegzuschmeißen. Allerdings war das offenbar wegen der hohen Produktionskosten nicht zu machen. Und für die Zuschauer war es schließlich ein Segen, dass sich die Realisten durchgesetzt haben. Es gab ja in der Kulturpolitik immer mal Tauwetter und dann wieder Eiszeiten.

Welche Schauspielerkollegen von denen, die wir in der Serie sehen können, waren denn wirklich mit auf der Reise nach Kuba?

Der Film hatte eine relativ große Besetzung. Es waren insgesamt neun Teile, weit über einhundert Darsteller. Mit an Bord waren neben mir noch sieben Schauspieler: Horst Drinda als Kapitän, Günter Naumann als Chief,

Jörg Knochee, Günter Schubert und Ingolf Gorges als Matrosen, Wilfried Pucher als Chief Mate und Jürgen Zartmann als Bootsmann.

Und Erik S. Klein nicht, der hatte ja auch eine Rolle auf dem Schiff?

Nein, Erik S. Klein war nicht mit auf Kuba. Seine Szenen wurden, wie viele andere, auf der Ostsee gedreht. Immer wenn die „Fichte" in Rostock war, wurde das Schiff von der DEFA für einige Tage gechartert. Aber auch am Schwarzen Meer wurde Szenen gedreht.

Welche besonderen Erinnerungen haben Sie an Ihre Kollegen, wie Horst Drinda, Günter Naumann oder Günter Schubert?

Zwischen dem, was man von den Schauspielern auf der Bühne kennt und dem Privatmann gab es schon Unterschiede. Ich wurde aber als relativ unbekannter Schauspieler genauso mit Respekt behandelt, wie sich die eher schon gestandenen Größen untereinander behandelt haben. Ich war sofort integriert und hatte auch überhaupt keine Berührungsängste, zum Beispiel eben mit Horst Drinda, den ich schon als Hamlet gesehen und bewundert hatte. Der ganze Film konnte ja nur so gut werden, wie wir alle zusammen waren. Ganz besondere Erinnerungen an einzelne Kollegen habe ich aber eigentlich nicht.

Eine der witzigsten Szenen der Serie ist die, in welcher Sie mit einem Zementsack bekleidet aufs Schiff zurückkehren, weil Sie von einem betrügerischen Wirt ausgenommen wurden. Gab es für diese Szene eine reale Vorlage, ist das wirklich mal so passiert?

Alle Geschichten, die in der Serie gezeigt werden, sind auf Schiffen der Deutschen Seereederei passiert. Selbst die Sache mit dem vergessenen Bullen ist so ähnlich geschehen. Auf irgendeinem Frachtschiff wurde ein Bulle vergessen abzuladen. Der erste Offizier hat diesen Bullen dann wirklich eingefangen. In die Geschichte der Reederei ging er, wie im Film geschildert, als Bullen-Schulze ein. Auch die Geschichte mit dem Zementsack ist einem Matrosen so passiert. Ein Wirt hatte ihm die Klamotten in einer Bar abgenommen. Der Matrose hat sich dann einen Zementsack geschnappt und ist so durch die Straßen geschlichen. Diese Geschichten sind alle wahr.

War die Autorin Eva Stein bei den Dreharbeiten und der Reise mit auf See?

Nein, Eva Stein war nicht mit an Bord. Sie hat die Dreharbeiten aber beobachtet und begleitet. Eva Stein ist ja von Haus aus Journalistin und lebte eine Zeit lang in Argentinien. Sie hatte schon immer einen Hang zur See. Die Idee zu dem Drehbuch wurde an sie herangetragen. Gemeinsam mit einer Kollegin hatte sie in der Wochenpost dazu aufgerufen, Geschichten von Seeleuten einzuschicken. Da kam bergeweise Post und daraus hat sie dann die Stories für das Drehbuch entwickelt und geschrieben. Alle Geschichten sind also wirklich so vorgekommen, selbst die Sache mit den Hühnern.

Was gab es für besondere Erlebnisse, dann, wenn die Kamera aus war?

Das im Einzelnen zu sagen, fällt schwer. Es gab ganz Vieles. Wir waren in einem exotischen Land, in einer völlig anderen Umgebung. Es waren Eindrücke, die man im Einzelnen gar nicht mehr so beschreiben kann. Es war mehr die Gesamtheit aller Erlebnisse, die einen immer wieder fasziniert. Einmal stand der Kapitän, ein alter Fahrensmann, zusammen mit seinem Chief Mate an Deck. Sie gucken so übers Wasser. Da spricht der Chief Mate den Kapitän an. „Du sag mal, Hein, das sieht aber komisch aus, das Wasser." "Ja", antwortet der Kapitän, "das sind komische Schaumkronen heut. Mal gucken, wo wir überhaupt langfahren." Das klang so, als wäre die Schaumkrone im letzten Jahr noch nicht da gewesen. Ich habe übrigens weder komisches Wasser noch komische Schaumkronen gesehen. Man war auf dem Schiff immer zwischen Vertrauen und Skepsis ein wenig hin- und hergerissen. Aber interessanterweise haben die es immer geschafft, anzukommen. Manchmal war was kaputt, dann hat mal ein Teil gefehlt oder es hat gebrannt. Nicht umsonst hatte das Schiff den Spitznamen "Johann *Schrottlieb* Fichte" statt "Gottlieb".

Ich könnte mir vorstellen, dass eine so erfolgreiche Serienrolle für das eigene Leben sehr viel bedeutet, war das so?

Für die Karriere war die Rolle schon von Bedeutung. Privat allerdings hatte es keine großen Auswirkungen auf mein Leben, trotz der vielen Erlebnisse, zumal ich die ja mit niemandem teilen konnte.

Sie haben im Jahr 2017 einen schönen runden Geburtstag. Haben Sie Pläne künstlerischer Art?

Seit 47 Jahren bin ich am Theater. Ich hatte immer mal wieder künstlerische Pläne und ich habe auch heute noch welche im Kopf. Man darf natürlich, insbesondere was "Zur See" betrifft, eines nicht vergessen: nicht nur die Darsteller sind älter geworden, auch das Publikum. Ein Großteil der Menschen kennt heute diesen Film, wenn überhaupt, nur aus Wiederholungen. Konkrete künstlerische Pläne habe ich im Moment keine.

Würden Sie mir zustimmen, wenn ich sage, die Darstellung des Lebens in der DDR war in der Serie "Zur See" sehr realistisch?

Ja, das war sie. Aber die Darstellung von Wirklichkeit im Film war überhaupt realistischer als heute. Das lag einfach daran, dass die Filme mit mehr Ruhe und mehr Liebe inszeniert wurden. Auch die Zuschauer waren aufgeschlossener, was ihr eigenes Umfeld betraf. Sie waren sehr kritisch, waren der Kritik sehr zugetan und bewerteten vieles auch genauer. Die künstlerische Leistung war auch oft einfach besser, weil die Rollen von den Darstellern besser gespielt waren. Die Inszenierungen wurden mit mehr Bedacht durchgeführt und nicht so zusammengeschustert wie heute. Für die Schauspieler war es ein viel schöneres Arbeiten, weil die Rollen nach der tatsächlichen künstlerischen Leistung und den Fähigkeiten besetzt wurden und auch von jemandem, der das richtig einschätzen konnte, nämlich dem Regisseur. Und nicht von einem Produzenten, der zwar das Geld, sonst keine Ahnung, aber das Sagen hat. Auch eine große Vielfalt war vorhanden, nur haben viele Filme den Weg in die Kinos gar nicht geschafft, aus pragmatischen oder politischen Gründen.

Haben Sie Hobbys?

Hobbys im Sinne von Sammeln habe ich nicht. Ich habe Hobbys, die man mit dem Nützlichen verbindet, wie Kochen zum Beispiel. Ich gehe auch nicht Angeln und bin kein Wassersportler. Wasser war nie mein Element, obwohl ich immer wieder Rollen bekam, die mit Wasser zu tun hatten.

Können Sie mittlerweile schwimmen?

Nein. Immer wenn ich ein Drehbuch bekam, habe ich zuerst auf die Dekoration geschaut, die Drehorte. Und wenn dort stand „handelt an einem See", dann habe ich meist feststellen müssen, dass ich in Wasserszenen mitspielen sollte. Da bekam ich jedes Mal einen Schreck. Ich musste dann fast immer ins Wasser, vor allem ins tiefe. Ich glaube, dass es schon im Besetzungsbüro ein

Spaß war, mich für diese Rollen auszuwählen. „Nehmt den Storch für die Wasserszenen, da habt ihr viel Freude beim Drehen, der kann nicht schwimmen." Deshalb war ich mit der Rolle in „Zur See" sehr zufrieden. Sie spielte zwar auf dem Wasser, aber ich nahm ja nun nicht an, dass die mich in den Atlantik schicken würden. Aber trotzdem hat mich der Regisseur ins Schwimmbecken springen lassen, als ich vor dem Bullen fliehen musste. Acht Männer, alles Schwimmer, standen drum herum. Die schickte er nicht rein. Nur mich, den einzigen Nichtschwimmer.

Haben Sie ein Lebensmotto?

Ich finde, ein gesunder Egoismus ist eine gute Grundlage, etwas zu erreichen im Leben.

Sind Sie glücklich?

Ich war eigentlich nie lange unglücklich. Ich habe mein Lebensziel erreicht, ich bin Schauspieler geworden!

(Die Fragen stellte Matthias Stark)

Über Autor und Herausgeber

Bernd Storch, Jahrgang 1947, wurde in Senftenberg geboren und lebt heute wieder in der Lausitz. Als Film- und Theaterschauspieler sowie als Kabarettist war er viele Jahrzehnte lang ein vielbeschäftigter Künstler. Seine wohl bekannteste Rolle ist die des Schiffskochs in der legendären Fernsehserie „Zur See".

Filmografie (Auswahl):

Krupp und Krause (1967)
Die Toten bleiben jung (1968)
Djamila (1969)
Sassiedzki (Polskie Film)
Nachbarn (Polskie Film)
Wenn die Tauben steigen (1973)
Zum Beispiel Josef (1974)
Zur See (1976)
Graureiher (1977)
Schauspielereien (1978)
Härtetest (1978)
Zwischen zwei Sommern (1979)
Die Leute von Züderow (1985)
Jahreszeiten (1981)
Verflucht und geliebt (1981)
Die Brummeisenprinzessin (1987)
Polizeiruf 110 (sechs Folgen)

Matthias Stark, Jahrgang 1963, wurde in Radeberg geboren und lebt in Stolpen. Er ist Autor von Prosa und Lyrik, betreibt einen Internet-Blog und ist Mitglied der „Interessengemeinschaft deutschsprachiger Autoren" (IGdA). Bisher veröffentlichte er in zahlreichen Anthologien sowie als Autor und Herausgeber mehrere Bücher.

Buchempfehlungen

Gudrun und Matthias Stark
Sommerwind und Kranichruf

In Wort und Bild, mit Gedichten und Sentenzen reflektieren Gudrun und Matthias Stark ihre Naturbeobachtungen und Erlebnisse in heimischen Gefilden.

Dieses Buch soll auch anregen, sich selbst einmal auf Safari in die heimatliche „Wildnis" zu begeben.
ISBN: 978-3-936203-20-2

Matthias Stark
Sonnenkinder und Traumgestalten

Drei mal drei beunruhigende Geschichten
Geschichten über Unmögliches.
Aber was heißt Unmögliches? Die Unmöglichkeiten von gestern sind doch schon heute wahr.
ISBN: 978-3-936203-23-3

Gudrun und Matthias Stark
Nicht nur Gegensätze

Die Welt in der Kunst spiegeln. Im vorliegenden Band zeigt die Kunstmalerin Gudrun Stark eine Auswahl ihrer ausdrucksstärksten und reifsten Bilder. Diese stehen kongenial zu den Gedichten von Matthias Stark und bieten dem Betrachter und Leser einen etwas anderen Blick auf unsere Welt. Hinter die Dinge schauen, jenseits tagesaktueller Betrachtung, ist eines der Anliegen dieses Buches.
ISBN 978-3-7386-2816-6

Gudrun und Matthias Stark
Der aus dem Wald kam
Die Geschichte eines Findelkaters

Vier kleine Kätzchen, ausgesetzt im Wald, allein. Gefunden werden sie von der Kunstmalerin Gudrun Stark und ihrem Mann, dem Autor Matthias Stark. Eines der Katzenkinder wird sie nach Hause begleiten. Welche Abenteuer Mensch und Tier auf dem Weg zum erwachsenen Stubentiger erleben, wurde in Wort und Bild festgehalten. Mit einfühlsamen Zeichnungen und kurzweiligen Texten beschreiben die beiden das erste Jahr im Leben ihres Findelkaters.
ISBN 978-3-7392-4898-1

Renate Brucke und Matthias Stark (Hrsg.)
Von Bohsdorf nach Schulzenhof
Auf den Spuren von Eva und Erwin Strittmatter

Strittmatter – der Name steht für zwei der auflagenstärksten Autoren der ehemaligen DDR. Jedes Kind kannte bereits die Namen der beiden Schriftsteller Eva und Erwin Strittmatter. Die Geschichten und Gedichte waren Schullesestoff, beide Autoren wurden von ihren Lesern geliebt, ihre Bücher waren heiß begehrt.

Im vorliegenden Buch berichten Menschen jeden Alters und verschiedener Berufe aus ganz unterschiedlichen Blickwinkeln über ihre Begegnungen mit den beiden Autoren und ihrer Literatur. In manchmal bewegenden Worten reflektieren Literaturfreunde ihre Sicht auf zwei Schriftsteller, die bereits zu Lebzeiten eine Legende waren.
ISBN 978-3-9362-0328-8